Fol Lj 38 49

Paris
1873

Roman, Joseph

Sigillographie du diocèse d'Embrun

SIGILLOGRAPHIE

DU

DIOCÈSE D'EMBRUN

PAR

Joseph **ROMAN**, Avocat

Président de la section de Sigillographie de la Société française de Numismatique
et d'Archéologie.

PARIS

ROLLIN ET FEUARDENT
Éditeurs
Rue Vivienne, 12.

GRENOBLE

MAISONVILLE ET JOURDAN
Éditeurs
Grande-Rue, 23

1873

SIGILLOGRAPHIE

DU

DIOCÈSE D'EMBRUN.

Tiré à 222 exemplaires, dont :

7 sur papier de Hollande teinté, gravures sur Chine avant la lettre.
15 sur papier de Hollande blanc, gravures sur Chine.
200 sur papier ordinaire.

222

Grenoble. — Typographie et lithographie de F. ALLIER PÈRE ET FILS, Grande-Rue, 8.

MONUMENTS DE L'HISTOIRE DES HAUTES-ALPES.

SIGILLOGRAPHIE

DU

DIOCÈSE D'EMBRUN

PAR

JOSEPH ROMAN, AVOCAT

Président de la section de Sigillographie de la Société française de Numismatique
et d'Archéologie.

PARIS
ROLLIN ET FEUARDENT
Éditeurs
Rue Vivienne, 12.

GRENOBLE
MAISONVILLE ET JOURDAN
Éditeurs,
Grande-Rue, 23.

1873

PRÉFACE.

PRÉFACE.

L'accueil bienveillant que ma *Description des Sceaux du diocèse de Gap* a reçu du monde savant m'encourage à publier la seconde partie de ce travail consacrée à la *Sigillographie du diocèse d'Embrun* : ce nouveau volume complétera la partie sigillographique des *Monuments de l'Histoire des Hautes-Alpes*.

Cette nouvelle publication présentera malheureusement un ensemble beaucoup moins complet et un nombre de monuments beaucoup moins considérable que celle qui l'a précédé, et cela pour plusieurs raisons que je vais énumérer.

En premier lieu les archives de l'archevêché d'Embrun, du chapitre de Notre-Dame et de l'abbaye royale de Boscodon, dans lesquelles j'aurais pu faire, à coup sûr, une abondante moisson de sceaux intéressants, ont presque totalement disparu et ne sont plus représentées aujourd'hui que par un petit nombre de documents, la plupart modernes, conservés aux archives départementales des Hautes-Alpes. Cependant ces diverses archives étaient à peu près intactes en 1791, époque à laquelle M. Dongeois, avocat à Embrun et diplomatiste fort distingué, en dressa l'inventaire et le catalogue; depuis lors on

ignore absolument ce qu'elles sont devenues. Des recherches
sérieuses et toutes récentes sont restées à peu près sans résultat.
Comment cet amas de documents précieux a-t-il pu disparaître
ainsi sans laisser de traces? c'est un problème que je ne veux
pas essayer de résoudre. Quoi qu'il en soit, de nouvelles
recherches n'auraient probablement pas un meilleur résultat
que les précédentes, et les archives de l'Église d'Embrun peu-
vent être considérées comme définitivement perdues pour la
science (1).

Une autre raison d'un ordre tout différent explique également
le petit nombre de sceaux que j'ai pu découvrir : à part les
prieurés de Guillestre, du Queyras et de Chorges, propriété des
abbayes et couvents de Saint-André d'Avignon, des Salettes et
de Saint-Victor de Marseille, tous les prieurés de l'Embrunais
et du Briançonnais appartenaient aux abbayes d'Oulx, de Boscodon, au chapitre de Notre-Dame et à l'archevêché d'Embrun.
Or, à cause de leur proximité, ces établissements ou corporations n'y envoyaient en général ni prieurs, ni colonies de
moines, mais de simples prêtres remplissant, moyennant un
modique salaire, les fonctions de curés. La partie temporelle
était régie et les dîmes perçues directement chaque année par

(1) Entre autres documents d'une haute valeur les archives d'Embrun devaient contenir
toutes les procédures contre les Vaudois : si on les retrouvait on aurait ainsi la solution
presque certaine d'un problème historique des plus intéressants.

les administrations abbatiales, archiépiscopale ou capitulaire. Ceci explique comment, dans tout l'Embrunais ou le Briançonnais, je n'ai trouvé aucun sceau de prieur ou de prieuré, tandis que j'en avais recueilli une vingtaine environ dans le diocèse de Gap.

Les sceaux seigneuriaux sont également fort rares dans le diocèse d'Embrun ; la féodalité n'y a jamais, en effet, tenu un rang considérable, ainsi qu'on le verra dans le cours de ce travail : dans le Briançonnais, le Dauphin était exclusivement seigneur et maître, dans l'Embrunais il se partageait presque tout le territoire avec l'archevêque. En plein moyen-âge il existait à peine dans tout le diocèse d'Embrun dix terres possédées par des seigneurs autres que l'archevêque et le Dauphin; de là le petit nombre de sceaux appartenant à cette série, décrits dans cet ouvrage.

Enfin, la cause la plus sérieuse de la rareté des chartes anciennes dans l'Embrunais c'est l'incendie d'un grand nombre de villes et de villages par le duc de Savoie en 1692 et la destruction par le feu, à cette époque, d'une foule de documents intéressants et d'archives soigneusement conservées jusque-là : à Guillestre et à Chorges, entre autres, tout ou presque tout a disparu.

Parmi les soixante-treize sceaux décrits dans le cours de cet

ouvrage, neuf ont été déjà publiés antérieurement et six seulement ont été gravés.

La partie la plus intéressante de cette publication est sans
contredit celle qui comprend les sceaux et bulles des juridictions
delphinales et cours communes d'Embrun et de Chorges. Les
monuments qui y sont publiés jettent une nouvelle lumière sur
l'organisation de ces cours communes, institutions assez répan-
dues en Dauphiné mais rares ailleurs, et ils sont intéressants,
en outre, en ce qu'ils reculent de plusieurs années l'apparition
du dauphin sur les sceaux de nos anciens souverains. Les auteurs du siècle dernier ne connaissaient pas de sceaux antérieurs à 1244 (1) où parût ce symbole mystérieux et encore
inexpliqué, nous en publions aujourd'hui un de 1237. Nous
devons ajouter que nous connaissons un sceau équestre inédit
de la même date, sur lequel Guigues VII porte au bras gauche
un écu également orné d'un dauphin.

Ainsi que dans la *Sigillographie du diocèse de Gap*, j'ai cru
devoir donner ici un certain développement aux considérations
historiques qui accompagnent la description des sceaux : l'histoire du diocèse d'Embrun est peu connue et n'a pas encore été
sérieusement entreprise, quelques commentaires et quelques

(1) Guy Allard, *Dictionnaire du Dauphiné*, t. II, p. 608. Valbonnais ne connaissait pas
de sceau au dauphin antérieur à 1259.

explications m'ont paru indispensables et j'ai pensé qu'une
sèche description n'était pas suffisante.

J'ai ajouté à la fin du volume un supplément destiné à compléter la *Sigillographie du diocèse de Gap*. Je ne me dissimule
point que cette addition a le tort de faire perdre à mon œuvre
une partie de son unité et de sa clarté, j'espère néanmoins que
les savants ne m'en sauront pas mauvais gré et préféreront voir
réuni en deux volumes compactes tout ce qui est connu jusqu'à
ce jour de la sigillographie du département des Hautes-Alpes.

Enfin un index très détaillé des sceaux décrits dans le cours
des deux volumes permettra aux personnes qui voudront y
faire des recherches de trouver tout d'abord et sans difficulté la
description et la gravure du sceau qu'elles désirent revoir. C'est
ainsi que procédaient nos maîtres les anciens historiens, et il
serait à désirer que tous les auteurs modernes adoptassent cette
méthode dans leurs ouvrages historiques, elle épargnerait aux
travailleurs des recherches toujours pénibles et souvent infruc-
tueuses.

En relisant avec soin le premier volume de cette publication
je me suis aperçu que, par suite de mon défaut de science, d'une
inattention regrettable dont je fais ici l'humble aveu et surtout
de mon peu d'expérience de l'art typographique, il m'était
échappé un grand nombre de fautes de toutes sortes : quelques-
unes ont déjà été relevées dans l'errata joint à ce premier

volume, mais la plupart subsistent. J'ai donc cru devoir, dans l'intérêt des personnes qui voudront bien consulter mon travail, joindre au présent volume un errata général dans lequel je relève toutes les erreurs et toutes les fautes qui m'ont échappé : la liste en est malheureusement fort longue, je prie le lecteur de vouloir bien s'y reporter quand il me trouvera en défaut et de ne pas me condamner avant de s'être assuré si je ne me suis pas déjà condamné moi-même.

Je croirais manquer à mon devoir si je n'exprimais en terminant tous mes remerciements à M. A. Ferrary, maire d'Embrun, qui a mis avec une complaisance extrême à ma disposition tous les trésors de ses belles archives municipales ; à M. Laudy, archiviste du département, dont les conseils et les recherches m'ont toujours été utiles ; à M. Edmond Maignien, enfin, qui m'a libéralement communiqué sa riche collection d'empreintes de sceaux dauphinois et m'a mis ainsi à même de publier plusieurs monuments qui, sans lui, m'auraient été absolument inconnus.

Je fais, en terminant, appel à tous les collectionneurs dauphinois, je leur saurai un gré infini de me signaler ou de me communiquer tous les sceaux inédits des diocèses d'Embrun et de Gap qu'ils pourraient connaître ou posséder ; malgré les recherches considérables auxquelles je me suis livré il doit y en avoir encore un bon nombre dont j'ignore l'existence, dès aujourd'hui je m'occupe de les recueillir pour les publier dans un supplément destiné à compléter ce travail. Mon appel sera entendu, je n'en doute pas ; jusqu'à présent en effet, sauf quelques bien rares exceptions, je n'ai rencontré parmi les savants et les collectionneurs dauphinois que des approbations et des encouragements pour l'œuvre que j'ai commencée.

INTRODUCTION.

INTRODUCTION

Le diocèse d'Embrun s'étendait sur la plus grande partie de l'ancien royaume de Cottius : il comprenait la plupart des peuplades gauloises citées dans l'inscription de l'arc de triomphe de Suze et beaucoup de celles inscrites sur celui de la Turbie. C'étaient la confédération Briançonnaise (Brigantini, Quadiates, etc.), la confédération Caturigienne (Caturiges, Ambiliates, Savincates, Egdini, etc.), les Esubiani (peuples de la vallée de l'Ubaye) et les Edenates (peuples de la vallée de Seyne).

Embrun avait reçu d'assez bonne heure la semence évangélique ; créée d'abord par Constantin métropole des Alpes maritimes (plus tard Viennoise Quatrième), elle fut naturellement désignée, lorsque le christianisme devint tout-puissant dans l'empire Romain, pour être la capitale religieuse de la

province et reçut la direction spirituelle de huit évéchés réduits
plus tard à six.

Après la chute de l'empire Romain, les Visigoths, les Ostro-
goths, les Burgondes et les Francs se disputèrent tour à tour le
Haut-Dauphiné : conquis sur les Burgondes par les fils de
Clovis, il ne jouit pas pour cela de la paix et eut à subir pen-
dant tout les viie et viiie siècles les invasions acharnées des
Lombards et des Sarrasins. Elles furent suspendues par le
règne de Charlemagne.

Cet empereur essaya de créer une organisation politique : il
partagea le pouvoir administratif et judiciaire entre les évéques
et les comtes amovibles, donna le pouvoir municipal aux scabini
et par ses missi dominici *envoyés dans les parties les plus*
reculées de son vaste empire, organisa une surveillance inces-
sante et rigoureuse. Mais cette création factice d'un homme de
génie ne devait pas lui survivre ; sous ses faibles successeurs,
les invasions, les révoltes et les guerres sévirent sans interrup-
tion, l'empire sombra dans ce chaos, et les peuples, accablés sous
le poids de tant de malheurs, crurent sentir s'approcher à la
fois la fin du monde et leur délivrance.

Depuis la fin du ixe siècle jusqu'à la fin du xe, l'Embrunais
et tout le diocèse d'Embrun furent occupés par une race étran-
gère que les vieux annalistes nomment Sarrasins, et tandis que
Boson et ses successeurs étendaient leur pouvoir sur la Bour-

gogne, la Provence et la plus grande partie du Dauphiné,
l'Embrunais, comme le Gapençais, subissait encore le joug de
l'envahisseur.

Peu à peu cependant la féodalité ecclésiastique et militaire
se constitua et reprit successivement aux Sarrasins les territoires
dont ils s'étaient emparés. Chassés de la plaine ils se maintinrent
longtemps encore dans les vallées inaccessibles des Hautes-Alpes.
Enfin Guillaume Ier, comte de Provence, réunit autour de lui
tous les seigneurs qui avaient intérêt à expulser ces étrangers,
coupables certainement d'agressions et de pirateries continuelles,
les chassa en 992 de ce qu'ils possédaient encore dans le Haut-
Dauphiné et les força de se réfugier dans les vallées reculées de
Freyssinières, de Vallouise et du Mont-Viso. Désormais incapables de nuire, mais toujours insoumis, ils furent les premiers
adhérents de la secte Vaudoise : persécutés pendant tout le
moyen-âge et ralliés depuis en grande partie au protestantisme,
ils n'ont jamais subi le joug de la religion catholique.

Après l'expulsion des Sarrasins les vainqueurs se partagèrent
leur nouvelle conquête et la féodalité s'organisa dans le Haut-
Dauphiné. Les comtes de Provence conservèrent le comté
d'Embrun et la vallée de Seyne ; les comtes d'Albon, plus tard
Dauphins de Viennois, implantèrent leur autorité dans l'Oisans
et le Briançonnais.

Les archevêques d'Embrun, rétablis sur leur siége, obtinrent

*des comtes de Provence de nombreuses donations et purent
être considérés dès cette époque comme de puissants et riches
seigneurs. Les comtes de Provence leur firent une concession
bien plus importante encore : adoptant à leur égard une politique différente de celle qu'ils avaient suivie vis-à-vis des évêques
de Gap, ils ne placèrent pas auprès d'eux de vicomtes chargés
de les surveiller et de modérer leur ambition. Quelques
auteurs ont prétendu, il est vrai, que l'Embrunais avait eu,
comme le Gapençais, ses seigneurs particuliers au XIe siècle, mais
rien n'est moins probable que cette opinion. En effet, les noms
de vicomtes de Gap au XIe siècle sont cités dans un grand
nombre de chartes de l'abbaye de Saint-Victor, et on n'y trouve
aucun vicomte d'Embrun. Bien plus : lorsque les moines de
Saint-Victor, titulaires des prieurés possédés par cette abbaye
dans l'Embrunais, ont quelque querelle avec les seigneurs leurs
voisins et font appel au bras séculier, ils s'adressent toujours
au vicomte de Gap ; ils ne l'eussent certainement point fait s'ils
avaient pu réclamer la protection des vicomtes d'Embrun.*

*Pendant le XIe siècle et la première moitié du XIIe les arche-
vêques d'Embrun virent leur puissance s'accroître chaque jour ;
grâce à l'éloignement du comte de Provence, leur suzerain
immédiat, ils s'emparèrent d'une multitude de droits dont l'exercice eût pu régulièrement leur être contesté par un maître
plus rapproché et plus jaloux de son autorité. Aucun seigneur*

voisin ne pouvait, du reste, mettre une barrière à leurs envahissements; on peut, en effet, affirmer en règle générale que le diocèse
d'Embrun est l'un de ceux où la féodalité a jeté le moins de
racines; l'archevêque d'Embrun, le Dauphin et le comte de
Provence étaient, pour ainsi dire, les seuls propriétaires de cette
vaste contrée. Dans le Briançonnais le Dauphin était partout
seigneur unique, excepté dans la petite vallée de Névache; dans
l'Embrunais il n'y avait de seigneur particulier que dans le
Queyras, à l'Argentière, Rame et Savine, le reste était possédé
par le Dauphin et l'archevêque. On comprend combien cet état
de choses dut favoriser le développement de la puissance de ce
dernier.

En 1147 une bulle de Conrad III, roi des Romains, vint
grandir encore et légitimer le pouvoir des archevêques d'Embrun en leur conférant les droits régaliens.

En 1202 l'Embrunais passa, ainsi que le comté de Gap, de la
Provence au Dauphiné par le mariage de Béatrix de Claustral,
fille du comte de Provence, avec le dauphin Guigues-André.

Le premier acte des Dauphins devenus maîtres de l'Embrunais fut de se rendre les archevêques favorables en leur faisant
des concessions de toute nature. En effet, cinq des évêchés
suffragants de l'archevêché d'Embrun étant situés en Provence,
les rapports de l'archevêque avec ses subordonnés seraient devenus fort difficiles, sinon impossibles, en cas de guerre entre le

*Dauphin et le comte de Provence : il était donc à craindre que
les archevêques ne voulussent s'opposer à l'accession du comté
d'Embrun au Dauphiné et ne fussent soutenus par le pape dans
leurs prétentions. Aussi, pour prévenir toute difficulté à cet
égard, Guigues-André se déclara leur vassal (1210) et leur
concéda la pleine propriété de la plupart des terres domaniales
ayant appartenu jadis au comte de Provence. Il ne se réserva
que la coseigneurie d'Embrun et de Chorges, avec quelques terres
le long de la Durance.*

*A cette époque les archevêques d'Embrun furent à l'apogée
de la puissance.*

*Ils eurent facilement raison, grâce à l'épée de leur vassal le
Dauphin, de quelques révoltes des bourgeois d'Embrun protestant, avec plus de droit que de succès, contre les violations continuelles de leurs franchises et libertés, gouvernèrent en maîtres,
absolus presque tout l'Embrunais et défendirent avec énergie
leurs priviléges contre les empiétements du pouvoir civil.*

*Lorsque le Dauphiné fut acquis par la maison de France, les
archevêques se trouvèrent en face de seigneurs beaucoup moins
disposés que les Dauphins de Viennois à subir leur suprématie
et à tolérer leurs envahissements. Ils comprirent que désormais
les Dauphins n'étaient plus leurs vassaux mais leurs maîtres;
aussi, après avoir renoncé presque aussitôt à se faire rendre
hommage par eux ils finirent par consentir à le leur prêter*

eux-mêmes et employèrent toute leur diplomatique habileté à conserver quelques lambeaux de leur ancien pouvoir. Grâce à la dévotion de quelques-uns de nos rois à Notre-Dame d'Embrun ils y réussirent jusqu'au moment où le Dauphiné et la Provence furent réunis sur une même tête. A partir de cette époque leur pouvoir alla toujours en déclinant : on leur interdit de frapper monnaie, de lever des troupes, leur droit de justice fut restreint aux causes les moins importantes avec appel direct au parlement de Grenoble. Ils ne furent bientôt plus que de riches seigneurs mais sans aucun pouvoir politique.

Les guerres de religion et l'épée de Lesdiguières leur firent perdre une grande partie de leur opulence : enfin, aux XVIIe et XVIIIe siècles, l'archevéché d'Embrun ne fut plus qu'un grand nom, un bénéfice produisant des revenus médiocres, donné libéralement par le roi aux cadets de grande maison désireux de n'être point contraints à résider dans leur diocèse.

La sigillographie d'Embrun doit se diviser, comme celle de Gap, en deux séries : les sceaux religieux et les sceaux civils.

Les sceaux religieux se divisent de la manière suivante :

I. *Sceaux des archevêques;*

II. *Sceaux du chapitre;*

III. *Sceaux des abbayes et couvents.*

Les sceaux civils se divisent en :

   I. *Sceaux des Dauphins avec le titre de comtes d'Embrun ;*
   II. *Sceaux des seigneurs féodaux ;*
   III. *Sceaux des communautés ;*
   IV. *Sceaux des juridictions royales.*

Chacune de ces divisions est traitée séparément : les sceaux des diverses juridictions sont placés dans un article spécial à la suite des personnages ou corporations qui les exerçaient. La série très intéressante des bulles et sceaux des cours communes d'Embrun et Chorges vient à la suite des juridictions delphinales au commencement de la deuxième partie.

PREMIÈRE PARTIE

SCEAUX RELIGIEUX

ARCHEVÊQUES

CHAPITRE I.

CONSIDÉRATIONS HISTORIQUES.

ARTICLE I. — TEMPS ANTÉRIEURS A L'ÉTABLISSEMENT RÉGULIER DU POUVOIR DES ARCHEVÊQUES.

Quelques hagiographes ont prétendu que le christianisme avait été introduit à Embrun par saint Celse et saint Nazaire vers l'an 60 de Jésus-Christ. Mais ces auteurs, renonçant à trouver des successeurs immédiats à ces premiers apôtres, sont contraints ensuite de passer sous silence trois siècles consécutifs, et ils arrivent directement à saint Marcellin, premier archevêque d'Embrun en 353. C'est ce prélat qu'une saine critique doit donc considérer comme le véritable fondateur de la chrétienté d'Embrun, dont il est devenu le patron.

Les successeurs de saint Marcellin embrassèrent vivement la cause de l'arianisme, et plusieurs archevêques hérétiques occupèrent le siége d'Embrun. Au milieu des querelles religieuses qui signalèrent cette époque, Embrun perdit son titre de métropole des Alpes maritimes; l'évêque de Marseille, demeuré orthodoxe, s'en empara, et les archevêques d'Embrun ne purent reconquérir leur titre et leur autorité qu'un siècle plus tard (465), grâce à l'appui du concile de Turin.

A peine si l'histoire a conservé le nom des archevêques qui passèrent pendant les siècles suivants sur le siége d'Embrun. Salonius, frère de Sagittaire, évêque de Gap (554-582), fut comme lui célèbre par ses débauches et ses crimes : après avoir pendant de longues années donné l'affligeant spectacle d'une vie scandaleuse, après avoir été deux fois déposé, il mourut enfermé, en punition de ses péchés, par Gondebaud, roi de Bourgogne, dans le couvent de Saint-Marcel de Chalons. Salonius eut pourtant un mérite, il fut brave, et défendit vaillamment son diocèse contre les Lombards à la tête de ses troupes. Sous saint Benoit (912-916) l'Embrunais fut conquis par les Sarrasins, Embrun enlevé d'assaut et pillé : ils furent chassés sous Ismidon (992-1016) par Guillaume, comte de Provence. Hugues (1054-1055) fut condamné comme simoniaque par le concile de Lyon et déposé. Sous Guillaume de Champsaur (1132) fut fondée l'abbaye de Boscodon.

Nous arrivons enfin à Guillaume de Bénévent (1134-1169) qui reçut de l'empereur Conrad l'exercice des droits régaliens.

ARTICLE II. — ÉTENDUE DU DIOCÈSE D'EMBRUN, JURIDICTION SPIRITUELLE DES ARCHEVÊQUES.

L'archevêque avait été dès l'origine métropolitain des huit évêchés suivants : *civitas Dinensium* (Digne), *Sanaciensium*

(Senez), *Glanatena* (Glandèves), *Cemelensium* (Cimiez transféré plus tard à Nice), *Venciensium* (Vence), *Antipolis* (Antibes transféré ensuite à Grasse), *Solengensium* (Castellane ou Solliers) et *Rigomagensium* (Chorges) (1) ; Castellane ou Solliers et Chorges ayant été supprimés de bonne heure, les archevêques n'étendirent plus leur suprématie spirituelle que sur les évêchés de Digne, Grasse, Glandèves, Senez, Vence et Nice. Les appels des sentences ordinaires de ces diocèses ressortissaient directement de son tribunal spirituel ; il faut en excepter toutefois Nice, située en Italie.

Le diocèse d'Embrun s'étendait en partie sur le Dauphiné (Embrunais, Briançonnais, Queyras, etc.), en partie en Provence (vicariat de Seyne, vallée de Barcelonnette). Cette dernière vallée fit même partie, depuis 1559 jusqu'au traité d'Utrecht, (1713) du duché de Savoie. Le diocèse d'Embrun comprenait quatre-vingt-dix-sept paroisses.

Sauf quelques exceptions peu nombreuses, l'archevêque exerçait sur tout son diocèse sa juridiction spirituelle par le ministère de deux officiaux, siégeant l'un à Embrun pour le Dauphiné, l'autre à Seyne pour la Provence. Jusqu'au traité d'Utrecht un troisième official exerçait ses pouvoirs dans la vallée de Barcelonnette.

Ces officiaux, assistés vraisemblablement d'un conseil ecclésiastique, furent longtemps compétents pour connaître des actions des clercs entre eux et même des clercs contre les personnes laïques.

(1) Cette énumération se trouve à la suite de la bulle qui confirme Viminien comme archevêque d'Embrun.

ARTICLE III. — FORMATION DE LA SOUVERAINETÉ TEMPORELLE.

La souveraineté temporelle des archevêques naquit à Embrun comme dans la plupart des diocèses voisins, au moment de l'expulsion des Sarrasins. Guillaume II, comte de Provence, leur donna en 997 la moitié de la ville d'Embrun, du bourg de Chorges, Guillestre et quelques autres terres.

Sous la suzeraineté des comtes de Provence les archevêques d'Embrun purent augmenter rapidement leur pouvoir et leurs droits : plus heureux, en effet, que les évêqves de Gap, ils n'étaient pas gênés par des vicomtes aussi puissants qu'eux, placés à leurs côtés pour faire respecter l'autorité du suzerain. Aussi leur puissance s'augmenta peu à peu sans contestation et ils s'enrichirent successivement par des donations considérables et nombreuses. Raymond Bérenger III leur donna, en 1135, les terres du Saulze, Breziers, Beaufort et Rochebrune.

Guillaume IV, en 1177, confirmait la donation faite à l'archevêque de la moitié d'Embrun et de Chorges et décidait que dans ces villes l'hommage serait dû également aux deux coseigneurs et que la juridiction leur en serait commune.

Guillaume VI, comte de Provence, leur concéda, à la fin du xiie siècle, des droits considérables sur les terres de Freyssinières, des Orres, Rame et Chapcella.

En 1222, Pierre de Beaufort, chevalier, leur transmit par héritage toutes ses possessions dans la vallée Mucii ou de Barcelonnette, à Faucon, Jauziers, Saint-Paul, etc.

Antérieurement déjà (1147) Conrad III, roi des Romains,

avait concédé à Guillaume de Champsaur, archevêque, l'exercice des droits régaliens par la bulle suivante :

« In nomine sancte et individue trinitatis Conradus, dei
« gratia, Romanorum rex, secundus, Willelmo, urbis Ebredu-
« nensis archiepiscopo ejusque civitatis clero et populo gra-
« tiam suam et bonam voluntatem. Antiqua regni consuetudo
« et celebris et imperatorum instituta, regum Romanorum,
« discretionem sollicitant quatenus ecclesiarum utilitatibus
« studeant providere clericos deffendere, bona illorum ad lau-
« dem et gloriam nomini, Christi illibata observare ; et ne
« aliqua impiorum tirannide affligantur, maxime operam dare,
« si qua etiam eisdem damna truculenter inferantur, pie et
« misericorditer reformando eadem resarcire. Imperalia itaque
« decreta non descrentes, antecessorum nostrorum clementiam
« imitando, tibi, venerabilis pretaxate urbis Willelme archiepis-
« cope et per te ecclesiæ tue et successoribus tuis Ebredunen-
« sis urbis et totius episcopatus tui nostra regalia concedimus,
« justitias, monetam, pedaticum, utraque strata telluris et
« fluminis Druentie. Concedimus etiam quæcumque in regno
« nostro predecessorum nostrorum auctoritas vel quorum-
« libet pietas principum ecclesie tue et antecessoribus tuis
« caritatis studio concessit. Verumtamen ut donatio ista firma
« et stabilis posteris tuis eternaliter permaneat paginam præ-
« sentem sigillo nostro insigniri jussimus. Si qua vero impio-
« rum temeritas confirmationem istam presumat inquietare,
« banno regali subjaceat. Hujus donationis testes esse volumus
« episcopus Ordibum Basiliensem, Burchardum Argentinum,
« Bucam Garmaciencem, Anselmum Constantiensem, Amul-
« phum cancellarium, Elicherum archidiaconum, Rogerium

« et alios multos. Anno ab incarnatione domini M. CXLVII.
« Anno vero decimo regni ejus. »

Cette bulle fut confirmée et réitérée en 1154.

Lorsque le Dauphin Guigues-André devint, du chef de sa femme, propriétaire du comté d'Embrun, craignant une opposition insurmontable de la part de l'archevêque dont tous les suffragants étaient en Provence, il s'empressa de se le rendre favorable en lui faisant de nombreuses donations (1210), ne conservant des anciennes possessions des comtes de Provence que la moitié de la ville d'Embrun, du bourg de Chorges, Rousset, Espinasse et Montgardin.

A cette époque les archevêques étaient seigneurs de Saulze, Beaufort, Breziers, Rochebrune, Crévoulx, les Orres, Saint-Clément, La Roche, Champcella, Eygliers, Guillestre, Risoul, le Plan de Phazi, Ceillac, Vars, etc.; seigneurs pariers d'Embrun, Chorges, Châteauroux, Espinasse, Rousset, Montgardin, Remollon, Freyssinières, Faucon, Jauziers, Saint-Paul, etc.

Les revenus de l'archevêché d'Embrun furent considérablement diminués pendant les guerres de religion, Honoré du Laurens et Guillaume d'Hugues eurent pourtant l'habileté de se faire restituer la plus grande partie de leurs biens par Lesdiguières. En 1789 le diocèse produisait encore un revenu de 35 mille livres environ.

Les archevêques d'Embrun ont usé de leur droit de frapper monnaie : les produits de leur atelier consistent en quelques gros et demi-gros d'argent d'une excessive rareté et d'un assez bon travail.

Le titre d'ARCHIEPISCOPUS ET PRINCEPS EBREDUNENSIS fut celui qu'ils portèrent constamment à partir du XII⁰ siècle. Ils étaient en outre de droit tricamériers du Saint-Empire.

ARTICLE IV. — MODE D'ACCESSION AU SIÉGE ARCHIÉPISCOPAL.

Dans la primitive église les évêques étaient choisis par les fidèles assemblés; cet usage se maintint à peu près intact jusqu'au XIIᵉ siècle. A cette époque seulement ce privilége reçut une première atteinte. Le curé Albert, chroniqueur de l'Église d'Embrun, s'exprime à ce sujet de la manière suivante à propos de l'archevêque Lentelme, nommé directement par le pape en 1080 au mépris des droits électoraux des fidèles d'Embrun : « Le clergé et le peuple de la plupart des diocèses jouissaient « de ce privilége. Mais le pape Grégoire VII, jaloux d'étendre « son autorité, voulut s'arroger le droit d'élire les évêques : « pour y réussir il envoya un grand nombre de légats de tous « côtés, qui, revêtus du pouvoir qu'il leur avait communiqué, « dépouillèrent insensiblement les diocèses de leur ancienne « liberté. Dès qu'il y avait quelque siége vacant ces légats y « nommaient ou y faisaient nommer à leur gré (1). »

Le même historien nous a conservé le procès-verbal de l'élection de l'archevêque Viminien, pièce très intéressante et que nous croyons devoir reproduire.

« Antiqua auctoritate sanctorum predecessorum nostrorum « clerus et populus Ebredunensis, eligimus, laudamus et cor- « roboramus Viminianum, archiepiscopum in sede archiepis- « copali Ebredudensi, precipiente summo pontifice et uni-

(1) Albert, vol. II, p. 101.

3

« versali Papa Victore, confirmante Willelmo Bertranno et
« Ganfredo seu Pontio Diensi comite ita ut presideat et regat
« omnes ecclesias supradicte civitatis sicut scriptum est in
« privilegio quod dominus Papa Victor illius consecrator auc-
« toritate Romana ei contulit, cum decimis et primitiis sicut
« expedit archiepiscopo tenere et disponere. Si quis autem hoc
« decretum infregerit nisi ad satisfactionem venerit sciat se
« damnatum et anathematisatum. Fiat, Fiat. Amen. »

Ce fut principalement vis-à-vis des archevêques métropoli-
tains, ayant sous leur direction spirituelle un certain nombre
d'évêques, que la cour de Rome fit des efforts incessants pour
supprimer le droit d'élection. Au clergé et au peuple réunis
succédèrent les chapitres qui eurent à lutter pendant trois
siècles contre les entreprises continuelles des Papes et partout
finirent par être vaincus. C'est pour cela que nous voyons
inscrits sur les diptiques de l'Église d'Embrun un certain
nombre de prélats italiens ou espagnols et quelques archevêques titulaires de plusieurs archevêchés.

Enfin le concordat de François Ier vint régulariser cet état
de choses et supprimer ces luttes séculaires entre la papauté
et le corps électoral en donnant la collation des évêchés au roi
sauf approbation du Saint-Siége.

ARTICLE V. — JURIDICTION TEMPORELLE DES ARCHEVÊQUES.

La juridiction temporelle de l'archevêque d'Embrun était
exercée par trois cours ou bailliages différents : le premier était
le bailliage des châteaux archiépiscopaux de Dauphiné, qui

siégeait probablement à Guillestre et étendait sa juridiction sur cette ville, Mont-Dauphin, Châteauroux, Saint-Clément, Champcella, Saint-Crépin, La Roche, Eygliers, Ceillac, Vars, Risoul, Crévoulx, le Saulze, Bréziers, Beaufort et Rochebrune. Le second bailliage était celui de la vallée de Barcelonnette, dont le siège était à Faucon et qui étendait sa juridiction sur cette ville, Barcelonnette, Jauziers, Saint-Paul, Maurin, Le Lauzet, etc.

Enfin le troisième était la cour commune d'Embrun. Elle fut organisée en 1247 par un compromis entre le Dauphin et l'archevêque conclu sur les bases suivantes : ces deux seigneurs nommaient d'un commun accord un juge qui exerçait ses fonctions au nom de tous deux et sa juridiction comprenait Embrun et son territoire. Une curieuse bulle de plomb qui sera décrite dans le cours de ce travail nous atteste également l'existence d'une cour commune à Chorges : nous ignorons si elle se composait du même personnel que celle d'Embrun, se transportant à des époques fixes à Chorges pour y rendre la justice, ou si cette ville possédait un juge spécial. Quoi qu'il en soit, si les cours communes d'Embrun et de Chorges agissaient séparément au XIVᵉ siècle, elles furent réunies au XVᵉ, comme le prouve un sceau qui sera décrit plus loin. Les émoluments de la cour commune d'Embrun se partageaient par égales parts entre l'archevêque et le Dauphin.

Par une transaction intervenue en 1321 entre Raymond, archevêque, et Henri, régent du Dauphiné, les deux parties s'interdisaient le droit de tenir des assises et de juger les causes séculières à Embrun, à Chorges et leurs territoires en dehors de la cour commune. Une transaction presque semblable, conclue en 1331, stipula que l'archevêque ni le Dauphin ne pourraient établir leurs juges particuliers dans les terres communes et que ces juges particuliers ne pourraient en aucun cas agir dans les limites de la juridiction de la cour commune.

Un autre règlement de 1346 entre l'archevêque Pasteur et le Dauphin interdit de nommer aux fonctions de juge de la cour commune aucun indigène d'Embrun et de Chorges et punit les citoyens qui se permettraient de faire du bruit ou de sonner du cor pendant la lecture des sentences de la cour commune dans le but d'empêcher l'audition des déclarations d'appel. Le serment que devait prêter le juge de la cour commune en entrant dans sa charge nous a été conservé par Valbonnais, le voici :

« Ego N. Judex Ebredunensis et Caturicarum cum perti-
« nentiis, juro tactis sacro-sanctis evangeliis, quod hinc usque
« ad annum completum quod regere debeo, de judicatura et
« pertinentiis, fidelis ero D. Archiepiscopo Ebredunensi et D.
« Comiti Dalphino et eorum successoribus et ad omnibus que
« exibunt de judicatura et de redditibus et que ego scire potero
« procurabo, quod uterque dominorum habeat partem suam.
« Non ero in loco vel consilio vel in facto quod aliquis ipsorum
« jus suum amittat, sed jura utriusque toto posse sine fraude
« et inganno salvabo et deffendam quantum ad me pertinebit...
« Item toto posse procurabo quod omnes proventus sive reddi-
« tus seu condemnationes predictorum et que exinde exire seu
« trahi poterunt et pignora ad manus Clavarii curie Ebredu-
« nensis perveniant et scribantur et de omnibus supradictis et
« ad ea pertinentibus reddatur computum legitimum in quan-
« tum ad scientiam meam poterit pervenire. Item procurabo
« quod Notarius curie omnia scribat et Clavarius similiter vel
« scribi faciat et de tribus in tres menses computum audiam et
« summam omnium in cartulario meo scribam. Item manus

« meas servabo mundas ab omni munere secundum legitimas
« sanctiones. Item quod postquam condemnavero aliquem non
« intromittam me de aliqua remissione condemnato facienda.
« Item quod postquam bannum aliquod publice preconisari
« fecero illud singularibus personis non relaxabo. Item quod
« in me questionem ex compromisso non recipiam que in
« communi curia debeat ventilari. Item quod a litigantibus in
« curia communi non exigam vel exigi faciam nisi datam
« consuetam pro questione terminanda nisi partes dicerent
« velle habere consilium super ipsa questione cujus consilii
« salarium partes solvere teneantur. Item quod quotiescumque
« oportuerit me absentare a curia Ebredunensi de salario meo
« dimittam viginti solidos pro quolibet septimana. Item quod
« in fine regiminis mei cum reddetur computum per clava-
« rium presens ero et ab Ebredunensi civitate aliter non
« discedam (1). »

La justice criminelle était exercée par des jurés présidés par
le juge de la cour commune, ils siégeaient régulièrement
chaque année de la Mi-Carême jusqu'à la fête de saint Jean-
Baptiste. Voici le début des jugements de cette cour :

« Nos sedentes pro tribunali more majorum nostrorum, in
« presentia presentium et absentia absentium, quorum Dei
« presentia repleatur, non declinantes plus ad dexteram quam
« ad sinistram, sed eo libramine, sacro-sanctis Dei evangeliis
« coram nostro conspectu appositis, ut de vultu Dei nostrum
« rectum procedat judicium et oculi nostri in iis et omnibus

(1) Valbonnais, vol. I, p. 148.

« videant equitatem signo venerabili sancte crucis nos mu-
« nientes , dicentes : in nomine Patris et Filii et Spiritu
« Sancti amen , habita que matura deliberatione coram
« peritis et liberis absolutos absolvendo, condemnatos con-
« demnando.... etc. »

La juridiction de police de la ville d'Embrun appartenait
uniquement à l'archevêque qui l'exerçait par son courrier ou
juge de police : toutes les amendes et les frais de justice étaient
versés entre les mains de son trésorier ou clavaire.

En 1251 Guillaume de Hollande, en confirmant les priviléges
de l'Église d'Embrun, permit à l'archevêque de créer des
notaires impériaux et archiépiscopaux pouvant instrumenter
dans tout l'empire : il déclara que les actes munis du sceau de
l'archevêque feraient foi comme publics et authentiques même
avec effet rétroactif. Ce privilége fut confirmé par Rhodolphe
de Hapsbourg en 1276.

Lorsque Louis XI, encore dauphin, fit une révision des
bailliages delphinaux, Embrun ne fut plus que le siége d'un
vibailliage du bailliage des montagnes. Le juge de la cour
commune disparut pour faire place à deux tribunaux distincts,
l'un delphinal, l'autre archiépiscopal, siégeant alternativement
tous les deux ans.

L'importance du tribunal archiépiscopal décrut rapidement
et ne fut bientôt plus qu'un simple tribunal de police.

Les appellations de la cour commune avaient lieu autrefois
devant l'archevêque ou son délégué assisté d'un conseil ecclésiastique ; cette cour d'appel fut supprimée au xve siècle, et
les appels de l'Embrunais furent portés directement au conseil
delphinal puis au parlement de Grenoble.

En 1533 l'archevêque Antoine de Levis offrit de tenir ses terres en fief du roi et de reconnaître la compétence en dernier ressort du parlement de Grenoble si on lui abandonnait les droits de greffe, les émoluments de la cour commune et la moitié de la juridiction de Chorges : mais il ne put rien obtenir.

CHAPITRE II.

COUP D'ŒIL SUR LES SCEAUX DES ARCHEVÊQUES.

ARTICLE I. — ANCIENNETÉ DES SCEAUX DES ARCHEVÊQUES.

Les actes originaux concernant l'archevêché d'Embrun sont peu communs et un très petit nombre parmi ceux que l'on a conservés est encore muni du sceau qui y était appendu ou appliqué. Un acte d'Aymar de Bernin (1238), appartenant aux archives municipales d'Embrun, est le plus ancien de ceux, existant encore dans le département des Hautes-Alpes, dont le sceau n'ait point été détruit. Une charte conservée aux archives de Marseille et à laquelle est suspendu le sceau de l'archevêque Pierre le Romain est antérieure de soixante ans à celle d'Aymar : elle nous offre le plus ancien monument sigillographique d'Embrun que j'aie pu découvrir.

Avant la fin du XIIᵉ siècle nous ne trouvons nulle part de mention de sceaux des archevêques d'Embrun. Les actes du cartulaire de Saint-Victor de Marseille dans lesquels apparaissent comme témoins ou parties les archevêques Radou (1057),

Guinamand (1066), Lentelme (1115), et Guillaume (1146), ne font aucune mention des sceaux de ces prélats.

Il est permis d'affirmer toutefois que si l'usage de sceller les actes s'implanta assez tard à Embrun comme dans beaucoup d'autres évêchés du midi de la France, cet usage y date au moins du commencement du XIIe siècle et qu'il y fut en pleine vigueur à partir du moment où les archevêques furent investis par les empereurs d'Allemagne des droits régaliens (1147).

Si les archives de l'archevêché, du chapitre et de l'abbaye de Boscodon n'avaient pas malheureusement disparu, nous y aurions trouvé certainement une abondante moisson de sceaux plus anciens que ceux dont la description va suivre.

ARTICLE II. — MATIÈRE, FORME, ATTACHES ET COULEUR.

La sigillographie du diocèse d'Embrun, différant en cela de celle du diocèse de Gap, est soumise à des lois fixes et invariables. Les sceaux archiépiscopaux ont affecté constamment, du XIIe au XVIe siècle, la forme d'une double ogive de dimensions diverses. Dans le sceau le plus ancien (1177) qui est d'assez grande dimension, l'ogive est fort évasée : les suivants (XIIIe siècle), dont l'ogive est plus étroite et plus aiguë, sont beaucoup plus petits que le précédent. Ils grandissent un peu au siècle suivant et enfin au XVe ils deviennent d'un module considérable et se composent presque toujours d'une mince couche de cire rouge encastrée dans une volumineuse coque ovoïdale ou doublée d'un gâteau de cire jaune. Ces grands sceaux, qui atteignent jusqu'à 75 millimètres, étaient imités de

4

ceux de la chancellerie papale d'Avignon qui affectionnait cette disposition de cire à deux couleurs.

Un autre emprunt fait par la sigillographie d'Embrun à la même chancellerie c'est l'usage de recouvrir la cire de papier avant de lui donner l'empreinte. Cette habitude, introduite à Embrun à la fin du xve siècle, ne disparut qu'avec l'archevêché.

A partir du xvie siècle les sceaux des archevêques d'Embrun furent toujours de forme ovale et appliqués sur l'acte lui-même au moyen de pâte ou de cire rouge recouverte de papier découpé. Jusqu'au xve siècle la cire employée est toujours de couleur jaune plus ou moins brunie par le temps et rendue très dure et très friable par l'addition d'une substance crayeuse. Au xve siècle on employa trois procédés différents pour préparer la cire qui devait recevoir l'empreinte : tantôt c'était un simple gâteau de cire rouge, tantôt une couche de cire rouge doublée et soutenue par un gâteau de cire blanche, tantôt enfin une mince pellicule de cire rouge était encastrée dans une puissante enveloppe de cire blanche ayant la forme de la moitié d'un œuf. Ces trois procédés étaient employés suivant que l'on donnait plus ou moins de soin au scellement de l'acte par rapport à son importance.

A partir du xvie siècle les sceaux archiépiscopaux d'Embrun furent toujours recouverts de papier doublé quelquefois de cire mais le plus souvent de pâte rouge.

Le mode de suspension suivit également à Embrun des règles constantes. Le sceau de Pierre le Romain (1177) est suspendu par des attaches de peau blanche ; les suivants le sont quelquefois par des cordons de fil tressés et multicolores, mais le plus souvent par des lacs de soie rouge ou verte.

Au xve siècle le mode de suspension consista presque toujours en cordonnets ou lacs de soie verte. Parfois cependant les sceaux de cette époque sont suspendus par de larges queues de parchemin ne laissant de chaque côté qu'un étroit segment de cire. Ce mode de suspension a amené la destruction d'un très grand nombre de sceaux, de même que l'usage de faire l'empreinte sur un gâteau de cire large et mince.

ARTICLE III. — DU TYPE.

Les sceaux archiépiscopaux d'Embrun se divisent, quant au type, en trois groupes, suivant qu'ils représentent l'archevêque, les saints patrons de l'Église ou des armoiries.

1er GROUPE.

Ce premier groupe se subdivise en trois types différents : l'archevêque est assis légèrement tourné à droite, mitré, crossé et bénissant; sur le sceau de Pierre le Romain (1177), le plus ancien de ceux que nous allons décrire, la crosse que tient ce prélat est transversale.

Du xiiie au xve siècle l'archevêque est représenté debout, uniformément vêtu de la chasuble, de l'aube, de la tunique et du pallium auquel lui donnait droit sa qualité de métropolitain. Il est toujours coiffé de la mitre de face, tient la crosse droite de la main gauche et bénit de l'autre. Le manipule apparaît une seule fois sur le sceau de Raymond de Mévouillon (1292).

A partir de la fin du XIIIe siècle le fond du sceau est généralement orné d'un dessin guilloché représentant des lignes se coupant en losange avec des quartefeuilles dans les vides. Au-dessus de la tête du prélat apparaît également à cette époque un petit baldaquin architectural représentant un édicule percé de portes, de fenêtres et surmonté de tours.

A la fin du XVe apparaît un type nouveau et peu commun : Rostaing d'Ancezune (1494-1510), sur son sceau ogival, est représenté mitré, bénissant, tenant la croix pastorale et debout de face à mi-corps au-dessus d'un écu à ses armes qu'il surmonte en quelque sorte comme un cimier surmonte un casque.

2e GROUPE.

Pendant tout le XVe siècle le champ du sceau est rempli par un monument gothique composé de deux parties distinctes : la partie inférieure est percée d'une voûte surbaissée dans laquelle est l'archevêque priant et tenant la croix pastorale; aux deux côtés est un écusson à ses armes. La seconde partie de l'édifice, plus élégante, se compose d'une large voûte sous laquelle est l'un des saints protecteurs de l'Église d'Embrun, la Vierge ou saint Marcellin. De chaque côté s'élèvent des piliers légers terminés par d'élégants pinacles à crochets, et le tout est surmonté d'un troisième étage de galerie à jour. L'effet de ces sceaux est en général très gracieux. Évidemment ils sont loin de valoir, au point de vue de l'art, les magnifiques spécimens du même genre que nous trouvons au nord de la France dans certains grands évêchés, au midi, parmi les sceaux des légats d'Avignon ou des cardinaux romains; ils offrent pourtant un véritable intérêt.

3ᵉ GROUPE.

Le troisième groupe se compose uniquement de sceaux armoriaux presque toujours ovales et recouverts d'une découpure de papier en forme de losange. L'écusson est généralement timbré d'une couronne au travers de laquelle s'engage la croix archiépiscopale faisant office de cimier et au-dessus s'étale le chapeau dont les pendants tombent de chaque côté comme des lambrequins.

Il est cependant de nombreuses exceptions à ces règles : les quatre sceaux de Guillaume d'Avançon n'ont ni couronne, ni chapeau ; celui de Guillaume d'Hugues a seulement la couronne, qui manque au contraire sur celui de Nicolas de Fiesque.

ARTICLE IV. — DU CONTRE-SCEAU.

La sigillographie archiépiscopale d'Embrun nous offre un seul exemple de contre-sceau. Il est au revers du sceau de Raymond de Mévouillon (1292), de forme orbiculaire, et représente le buste nimbé de saint Marcellin de face.

ARTICLE V. — DES LÉGENDES.

Les archevêques ont porté jusqu'au xvıᵉ siècle sur leurs sceaux le simple titre d'ARCHIEPISCOPVS EBREDVNENSIS. A partir de cette époque ils ont affecté de faire parade de leurs titres honorifiques, désormais sans valeur, et ils ont ajouté à la mention de leur qualité d'archevêque celle de *princes d'Embrun*.

Si nous examinons les légendes à un autre point de vue, nous remarquons que le sceau de Pierre le Romain (1177) est composé de lettres presque toutes capitales romaines, sauf pourtant les ɶ ; le mot SIGILLVM est absent de cette légende et le nom de l'archevêque y est au nominatif.

A partir du XIIIe siècle les lettres onciales envahissent complétement la légende et demeurent en usage jusqu'au milieu du XVe siècle : à cette époque l'onciale est remplacée elle-même par la cursive gothique, détrônée dans les premières années du XVIe siècle par la capitale de la renaissance qui reste en usage jusqu'à la fin.

Du XIIIe au XVIe siècle la légende débute toujours par le mot SIGILLVM ou l'initiale de ce mot, ensuite vient le nom de l'archevêque et ses titres. A partir du XVIe siècle la légende est tantôt en français, tantôt en latin, et le mot SIGILLVM disparaît tout à fait.

Les petits sceaux des XVIe, XVIIe et XVIIIe siècles sont anépigraphes.

CHAPITRE III.

DESCRIPTION DES SCEAUX DES ARCHEVÊQUES.

GUILLAUME II DE BÉNÉVENT (1134-1169).

Cet archevêque fut investi en 1147, par l'empereur Conrad, des droits régaliens, comme l'atteste la charte que nous avons transcrite plus haut. Le pape ratifia et confirma ces priviléges en 1154.

Il n'existe point de sceau de Guillaume de Bénévent ni de son successeur.

RAYMOND Ier (1170-1176).

Ce prélat était archevêque de Carpentras avant d'être transféré à Embrun. Il eut de nombreux démêlés avec son chapitre métropolitain, on ignore quel en fut le dénouement.

PIERRE Iᵉʳ LE ROMAIN (1177-1184).

Il était abbé de Saint-Pierre de Vienne avant de venir à Embrun, il réforma l'abbaye de Boscodon et assista, en 1179, au concile de Latran : les autres actes de son administration sont inconnus.

SCEAU.

N° 1. ✠ PETRVS : EBREDVNENSIS. ARCHIEPISCOPVS. L'archevêque, assis sur un siège recouvert d'un coussin, tourné à gauche, vêtu de la chasuble, de la tunique et du pallium, coiffé de la mitre dont les deux pendants tombent sur l'épaule gauche, bénissant de la main droite et tenant de la gauche la crosse transversale, le croçon tourné en dehors.

Sceau ogival de soixante-cinq millimètres en cire jaune, suspendu par des attaches de peau.

Appendu à une enquête au sujet des droits respectifs de l'archevêque et du comte Guillaume de Forcalquier dans la ville de Cahors, 1177.

Archives de Marseille.

Il existe aux mêmes archives un second exemplaire de ce sceau.

GUILLAUME III DE BÉNÉVENT (1184-1208).

Cet archevêque était parent de Guillaume II son prédécesseur. Il fut d'abord chanoine de Fréjus, puis prévôt du chapitre de Digne, évêque de cette même ville et enfin il fut appelé au siége d'Embrun.

Je ne connais aucun sceau de Guillaume III ni de son successeur immédiat.

RAYMOND II SÉDU (1208-1213).

Raymond assista, en 1209, au concile d'Avignon. Il termina vers la même époque un différend qui durait depuis longtemps entre ses prédécesseurs et le chapitre d'Embrun à propos des mines de l'Argentière et des droits du prévôt. En 1210 le dauphin Guigues se déclara son vassal et lui fit des donations considérables.

BERNARD Ier DE BÉRARD-CHABERT (1213-1235).

Portait : *parti au 1er d'azur au lion d'or, au 2e de sable à la panthère d'argent.*

Originaire du Briançonnais, il était évêque de Genève avant d'être archevêque d'Embrun. Il reçut l'hommage du dauphin Guigues-André et celui de son gendre Amaury de Montfort (1222). Il fut un des membres influents du concile de Montpellier (1216), dans lequel les malheureux Albigeois furent donnés à Simon de Montfort leur conquérant. Pierre de Beaufort lui légua, en 1222, tous ses biens situés dans la

5

vallée de Mucii, et en 1233, l'archevêque permit à Étienne
Grand, Rostaing de Faucon et Guillaume Eyssautier de fonder
la ville de Barcelonnette.

SCEAU.

N° 2. ... **ᴄᴀᴀᴄ. ᴜᴏᴄᴀᴏᴀɪᴇ . ᴀᴀ**... L'archevêque debout, de
face, vêtu de la chasuble, de l'aube, de la tunique et du pallium,
bénissant de la main droite et tenant la crosse de la gauche.

Fragment de sceau ogival de quarante-cinq millimètres
environ en cire brune, suspendu par des cordons de fil.

Appendu à une charte en faveur de l'abbaye de Saint-
Antoine des Champs. 1216.

Archives nationales.

AYMAR DE BERNIN (1236-124b).

Il était frère de Jean, archevêque de Vienne, avait d'abord
été abbé de Saint-Pierre de cette ville, puis évêque de Saint-
Jean de Maurienne. Il eut de graves dissentiments avec les
citoyens d'Embrun, dont, paraît-il, il ne respectait pas les franchises et libertés : ses biens furent pillés, ses prisons forcées,
ses tribunaux envahis, il fut même insulté personnellement et
forcé de s'enfuir. Il lança contre ses sujets une sentence d'excommunication qui engagea les consuls, accompagnés de
quarante notables, de venir lui demander la paix, mais les
conditions qu'il leur signifia furent si dures qu'ils refusèrent

d'y souscrire et proposèrent de s'en remettre à l'arbitrage de l'archevêque de Vienne, de l'évêque de Gap et de Robert, maréchal du Dauphin. Ces juges rendirent une sentence qui remit les choses dans l'état où elles se trouvaient avant la révolte.

Le dauphin Guigues-André recommanda par son testament à Aymar sa femme et son fils mineur.

Cet archevêque força les Templiers à reconnaître son droit de visitation, assista au concile de Lyon (1245) et fut enterré à Vienne.

SCEAU.

No 3. ✚ s'. ᴀYᴍᴀʀ ᶻ ᴀᴄʜɪᴇᴏɪ ᶻ ᴇᴃʀᴇᴅᴜʀx. L'archevêque debout de face, vêtu de la chasuble, de la tunique et du pallium, coiffé de la mitre, bénissant de la main droite et tenant de la gauche la crosse, le croçon tourné en dedans.

Sceau ogival de quarante-cinq millimètres en cire brune, suspendu par des cordons de fil tricolore.

Appendu à la transaction intervenue entre l'archevêque et les consuls d'Embrun au sujet des injures dont il avait été victime. Embrun, 1238.

Archives municipales d'Embrun.

Il existe aux archives de Marseille un second sceau semblable suspendu par une simple queue de parchemin à un acte de la même date.

HUMBERT (1246-1250).

Humbert reçut en 1246 l'hommage du dauphin Guigues et excommunia les habitants de Chorges qui se refusaient à se reconnaître ses vassaux. En 1247 il conclut un accord avec le Dauphin concernant l'organisation de la cour commune dont les appels furent réservés à l'archevêque.

Je n'ai trouvé aucun sceau de ce prélat.

HENRI DE SUZE (1250-1271).

Ce prêtre, avant d'être appelé sur le siége d'Embrun, avait été prévôt à Grasse, archidiacre à Embrun et enfin évêque de Sisteron. Le pape Innocent IV et l'empereur Guillaume de Hollande confirmèrent, le premier en 1250, le second en 1251, les priviléges des archevêques d'Embrun.

Sous l'épiscopat d'Henri de Suze eut lieu à Embrun une terrible sédition. Les consuls prétendaient avoir le droit d'exiger des ecclésiastiques l'impôt personnel ou immobilier comme de tous les autres citoyens : non-seulement l'archevêque s'opposa à la perception de cet impôt, mais il ne cacha pas son intention de revendiquer une souveraineté absolue sur la ville d'Embrun, à l'aide des bulles impériales et pontificales qu'il avait obtenues. Il montra si peu de ménagement dans ses prétentions que, le jour de l'Assomption de l'année 1253, les Embrunais se réunirent en armes, firent une ligue, envahirent l'église, chassèrent les ecclésiastiques et forcèrent Henri de Suze à se retirer dans Chorges. Il les excommunia immédiatement et les condamna à payer une amende de cent marcs d'argent et de 1,500 livres pour les impôts indûment perçus par eux. Les Embrunais firent, en 1254, appel de cette sentence au Saint-Siége, mais avant que le pape eût prononcé, l'archevêque, réfugié alors à Digne, lança une nouvelle et terrible sentence d'excommunication contre eux, dans laquelle il déclarait les consuls infâmes, bannis, incapables de tester, indignes d'être ensevelis en terre sainte ; tous ceux qui leur avaient obéi, à partir de l'âge de quatorze ans, étaient également excommuniés et infâmes : nul ne pouvait leur donner asile sous peine d'excommunication : les mariages contractés pendant la rébellion étaient nuls et les enfants qui en étaient nés bâtards : il était interdit aux prêtres d'entrer à Embrun et à personne d'y porter des vivres sous peine de péché mortel. Ces violentes menaces n'effrayèrent pas les Embrunais, ils firent des statuts nouveaux, élurent des magistrats, et, jusqu'en 1257, se gouvernèrent eux-mêmes. L'archevêque, voyant qu'ils ne songeaient pas à se convertir, prit un moyen plus expéditif, il conclut un traité avec le Dauphin, qui s'approcha d'Embrun à la tête de troupes nombreuses, en fit le siége, l'emporta de vive force et y réintégra l'archevêque. Les Embrunais perdirent tous leurs droits, leurs chartes de liberté furent détruites, ils furent contraints de faire amende honorable et de remettre à l'archevêque les clefs de leur ville. A partir de cette époque Embrun fut gouverné suivant le bon plaisir de ses archevêques.

Henri de Suze fut élevé au cardinalat en 1263. Il convoqua un concile à Seyne en 1269 et mourut en 1271, à Lyon.

Il existe aux archives de Marseille un sceau de ce prélat comme évêque de Sisteron.

SCEAU.

No 4. ✠ S᾽ ̥ ꜧꜱꜹꜱꞪꞮꞯꞮ ᵜ ᴅꞬꞮ ᵜ ꞶꞬꜱ ᵜ ꞪꜱꞬꞮꞩꞬꞯꞮ ᵜ ꜱꞮꞪꞬꜱᴅꞱꞪꞩ. L'archevêque debout de face sur un cul de lampe orné d'un trèfle, vêtu de la chasuble, de l'aube, de la tunique et du pallium, l'amict autour du cou, coiffé de la mitre, bénissant de la main droite et de la gauche tenant la crosse, le crocon tourné en dedans.

Sceau ogival de quarante-sept millimètres en cire brune, suspendu par des lacs de soie verte et rouge.

Appendu à la donation faite par Raymond Bérenger V à Béatrix de Savoie, comtesse de Provence, à l'occasion de leur mariage, du château d'Albanon et ses dépendances. Sisteron, 1250.

Archives de Marseille.

MELCHIOR (1271-1275).

Cet archevêque ne fit que passer sur le siége d'Embrun ; on ne connaît rien des actes de son administration et je n'ai trouvé aucun sceau de lui et de ses deux successeurs immédiats.

JACQUES II DE SÉRÈNE (1275-1286).

Guillaume de Briançon avait été élu archevêque après la mort de Melchior, mais il refusa d'accepter ces fonctions et fut remplacé par Jacques de Sérène, doyen du chapitre d'Embrun.

Rodolphe de Hapsbourg, au couronnement duquel le nouvel archevêque assista, lui confirma, en 1276, tous les privilèges et les donations concédés à l'Église d'Embrun par ses prédécesseurs : il lui donna en outre le haut domaine de Saint-Clément. Quelques seigneurs s'étaient emparés de terres ou de redevances appartenant à l'archevêque, à son retour Jacques de Sérène les força à les lui restituer.

GUILLAUME V (1286-1289).

Guillaume était chanoine d'Embrun : on ignore les actes de son administration.

RAYMOND DE MÉVOUILLON (1289-1294).

Portait : *de gueules chaussé d'hermine.*

Cet archevêque était de la maison souveraine à laquelle appartenait la baronnie dont le Buis était capitale. Il appartenait à l'ordre des Frères prêcheurs dont il fut grand définiteur ; nommé en 1282 à l'évêché de Gap, il fut transféré en 1289 à l'archevêché d'Embrun. Il promulgua les statuts de son prédécesseur Henri de Suze et mourut en revenant du chapitre général tenu par les Frères prêcheurs à Montpellier.

Nous avons publié dans notre premier volume une bulle de Raymond comme évêque de Gap.

SCEAU.

N° 5. ꜱ. ♦♦♦♦♦ ⁝ ♦♦ ♦♦♦♦♦♦ ⁝ ♦♦♦. ♦♦♦. ♦♦♦♦♦♦♦♦♦. ♦♦♦♦♦♦♦. L'archevêque debout de face sur un cul de lampe, vêtu de la chasuble, de l'aube, de la tunique et du pallium; portant l'amict et le manipule double au bras gauche ; coiffé de la mitre, bénissant de la main droite et tenant de la gauche la crosse, dont le croçon est tourné en dehors: au-dessus de la tête du prélat est un dais représentant un petit monument surmonté de trois frontons ; le champ du sceau est orné de lignes se coupant en losanges au milieu desquelles sont des quartefeuilles.

CONTRE-SEAU.

✠ ♦♦♦ ⁝ ♦♦♦♦♦♦♦ ⁝ Buste de saint Marcellin de face, mitré et nimbé.

Sceau ogival de soixante millimètres en cire brune, suspendu par des lacs en soie rouge : le contre-sceau est de forme circulaire et de vingt-et-un millimètres de diamètre.

Appendu à la donation du Dauphiné faite par la dauphine Anne à Jean son fils, 1292.

Archives nationales.

GUILLAUME DE MANDAGOT (1295-1311).

Portait : *parti au 1er d'azur au lion d'or, au 2e de gueules à trois pals d'hermine, à une cotice de sinople brochant sur le tout.*

Guillaume était né à Lodève ; il fut d'abord chanoine de Nîmes, archidiacre au même chapitre, prévôt de l'Église de

Toulouse et enfin notaire apostolique. Ce prélat, attaché presque constamment à la personne des papes, résida rarement à Embrun. Cependant il reçut l'hommage de Jean, comte de Gapençais et d'Embrunais, fils du dauphin Humbert Ier, termina un différend avec lui à propos de la pariage qu'ils avaient à Chorges, et reçut l'hommage de Hugues de Bardonnèche pour la terre de Saint-Crépin. En 1311, Guillaume de Mandagot fut transféré à l'archevêché d'Aix et créé cardinal l'année suivante.

SCEAU.

Nº 6. ꙅ' ᴏᴜɪᴌᴌ'ɪ. ᴅᴇɪ. ᴏᴀᴨ. ᴨᴀᴄʜɪᴇᴘɪ. ᴇᴍᴀᴄᴏᴜᴨᴀᴨꙅɪꙅ. L'archevêque debout de face sur un cul de lampe orné de stries longitudinales, vêtu de la chasuble, de l'aube, de la tunique et du pallium, portant l'amict et coiffé d'une mitre ornée, bénissant de la main droite et tenant de la gauche la crosse, le croçon tourné en dehors. Au-dessus de la tête du prélat est un dais représentant un petit monument surmonté de trois frontons; le champ du sceau est orné de lignes se coupant en losanges au milieu desquelles sont des quartefeuilles.

Sceau ogival de soixante-deux millimètres en cire brune, suspendu par des cordons de soie rouge.

Appendu à un acte autorisant la commune de Guillestre à construire une maison pour servir de marché. Sans date.

Ad perpetuam firmitatem sigillum nostrum huic scripture de meo mandato conferre diximus ad requisitionem dictorum consulum apponendum.

Archives municipales de Guillestre.

JEAN DU PUY (1311-1317).

Cet archevêque était dominicain : il ne résida pas à Embrun pendant son court épiscopat.

Nous n'avons point trouvé de sceaux de lui ni de son successeur.

RAYMOND IV ROUBAUD (1319-1323).

Raymond Roubaud succéda à Jean du Puy après une vacance de siége de près de deux ans ; il était prévôt du chapitre de Fréjus. Il fit avec Henri, évêque de Metz et tuteur de Guigues VIII, dauphin, un accord au sujet de la cour commune et du palais delphinal d'Embrun.

Il usa de son droit de monnayage ; on connaît de lui un gros et un demi-gros d'argent d'un bon travail et d'une extrême rareté.

BERTRAND DE DEAUX (1323-1338).

Portait : *d'argent au chevron d'azur.*

Il était né dans le diocèse d'Uzès et était prévôt du chapitre d'Embrun lorsqu'il fut appelé à l'archiépiscopat. Il reçut en 1331 l'hommage de Guigues VIII, dauphin, et en 1334 celui de Humbert II, son frère et successeur. La même année, il défendit avec succès ses droits contre le bailli du Dauphin qui empiétait sur sa juridiction ; en 1337, il fut créé cardinal et l'année suivante fut fait vice-chancelier et attaché à la personne du pape.

SCEAU,

J'ai trouvé de cet archevêque un fragment de sceau en cire rouge, suspendu par une double queue de parchemin à un acte de 1335 conservé aux archives d'Embrun. Il est de petite dimension et absolument indéchiffrable.

PASTEUR D'AUBENAS (1338-1350).

Appartenait à l'ordre de Saint-François et était évêque d'Assise avant d'être nommé par le pape archevêque d'Embrun. Ce fut sous son épiscopat que l'autorité ecclésiastique, aidée de la puissance séculière, commença à sévir contre les malheureux Vaudois. Jusqu'alors les archevêques et les Dauphins avaient ménagé ces populations paisibles, mais ils furent taxés par la cour de Rome d'indulgence coupable, obligés de leur faire la guerre et de les chasser de leurs seigneuries. Il est difficile à notre époque de se rendre un compte exact des croyances et des mœurs de ce petit peuple de pasteurs, toutes les pièces de ce grand procès ayant été détruites avec un soin jaloux : il en existe seulement quelques fragments insérés dans un ouvrage de polémique théologique qui ne mérite pas une entière confiance. Des documents nouveaux retrouvés et publiés récemment (1) permettent d'affirmer qu'il y a eu une exagération énorme dans les accusations dont ces malheureux ont été victimes : leurs croyances étaient pures et leur existence laborieuse et tranquille.

(1) C. f. *Revue des deux Mondes.* Israël des Alpes. Années 1867, 1868 et 1869.

Il existe de Pasteur d'Aubenas un gros d'argent au cabinet de France, unique et d'une grande beauté.

Je n'ai pas trouvé de sceau de ce prélat ni de ses quatre successeurs.

GUILLAUME VII DES BORDES (1351-1364).

Portait : *de gueules à trois molettes d'or.*

Il était chanoine de Langres et prieur de Sainte-Livrande. Il reçut en 1355 l'hommage d'Aymar de Poitiers, gouverneur du Dauphiné, au nom du Dauphin et lui-même le prêta en 1357 à Charles IV, roi des Romains. Le pape Clément VI, trouvant qu'on procédait trop mollement à l'égard des Vaudois, envoya Pierre des Monts, grand inquisiteur, pour exciter le zèle de Guillaume des Bordes et de ses magistrats. On alla chercher les hérétiques jusque dans les lieux les plus reculés : la persécution dura de 1352 à 1364.

BERTRAND II DE CHATEAUNEUF (1364-1365).

Portait : *d'or à trois taus d'azur.*

D'une illustre famille dauphinoise, il fut d'abord archevêque de Tarente, puis de Salerne. A Embrun il ne fit rien qui mérite d'être signalé et fut transféré presque aussitôt sur le siége de Viviers.

BERNARD III (1365-1366).

On ne connaît de cet archevêque que son nom. Peut-être est-ce le même personnage que le précédent.

PIERRE AMIEL (1366-1378).

Surnommé de Sarcenas ou de Sorreze à cause de sa ville natale, était auditeur de rote avant d'être élevé à l'épiscopat. Il reçut au nom du Dauphin hommage du gouverneur du Dauphiné Raoul de Loupy : ce fut le dernier que ces princes consentirent à prêter aux archevêques d'Embrun (1367). Ce prélat d'humeur querelleuse, paraît-il, eut des contestations continuelles avec ses sujets ou avec les magistrats du comté de Provence : un concile provincial qu'il avait réuni à Embrun pour interdire et excommunier les oppresseurs de son église ne lui ayant pas procuré la paix, le pape le nomma cardinal de Saint-Marc.

Sous son pontificat, Embrun fut attaqué par des bandes de Tard-Venus qui avaient également ravagé le diocèse de Gap : ils furent repoussés grâce à l'énergie de l'archevêque et des habitants.

MICHEL DE STEPHANIS (1379-1427).

Portait : écartelé aux 1 et 4 d'un burelé, aux 2 et 3 de... à trois
poires ou figues.

Né en Espagne, il était chanoine de Majorque et camérier
de Clément VII. Le pape avait, en 1375, écrit une lettre à Pierre
Amiel, dans laquelle il se plaignait de la liberté dont jouissaient les Vaudois de son diocèse et l'encourageait à trancher
dans le vif. Michel fut l'exécuteur de ces ordres par l'intermé-
diaire du dominicain François Borelli, grand inquisiteur de la
foi. Ce religieux, dont le nom est demeuré célèbre parmi ceux
des persécuteurs, établit trois prisons à Embrun, Vienne et
Avignon, elles regorgèrent bientôt de Vaudois qui durent
choisir entre l'abjuration ou la mort : beaucoup choisirent la
mort, et Borelli en fit brûler vifs à Grenoble jusqu'à plus de
cent en un seul jour. Un certain nombre se retira sur les
flancs arides du mont Pelvoux et s'y maintint pendant plusieurs
années ; enfin Jacques de Montmaur, gouverneur du Dauphiné,
étant venu les attaquer avec une troupe considérable, ils se
virent perdus et se précipitèrent au nombre de deux cents du
haut d'un rocher qu'on montre encore. En 1400, saint Vincent
Ferrier voulut tenter par la persuasion ce que la persécution
n'avait pu obtenir, et se fit l'apôtre des infortunés Vaudois.

Michel de Stéphanis avait amené avec lui une foule de
parents qui s'emparèrent de tous les revenus de l'archevêché
d'Embrun. Aussi sa mort fut regardée comme une délivrance
pour le diocèse à la tête duquel il était depuis quarante-huit
ans.

SCEAU.

N° 7. ⦿ S ⦿ MICHAELIS ⦿ DEI ⦿ GRACI. ⦿ EX ⦿ EBREDUNENSIS ✠.
La Vierge assise et nimbée tenant une branche de lis et soutenant l'enfant Jésus de la main gauche, sous un dais gothique
surmonté d'une double galerie à jour et accosté de murailles
supportant des colonnes qui soutiennent un toit surmonté de
pinacles gothiques; sous le toit, deux anges nimbés et age-
nouillés soutiennent la robe de la Vierge : dans la partie inférieure du sceau, l'archevêque mitré, vêtu de la chasuble, de
la tunique et du pallium, à genoux, joint les mains et tient la
croix archiépiscopale sous une voûte surbaissée, accostée de
deux écussons à ses armes, timbrés d'une croix archiépiscopale.

Sceau ogival de soixante-quinze millimètres en cire rouge,
suspendu par une double queue de parchemin.

Appendu à un *vidimus* d'une charte de 1323. 1422.

*Cum appentione sigilli pontificalis prefati domini archi-
episcopi.*

Archives des Hautes-Alpes.

Il existe un second exemplaire de ce sceau à Gap en cire
rouge doublée de cire blanche, suspendu par des cordonnets
de soie verte, et un troisième à Embrun en cire rouge dans
une coque volumineuse de cire blanche, suspendu par des
lacs de soie verte.

JACQUES GELU (1427-1432).

Ce prélat avait été d'abord conseiller au parlement de Grenoble, général des finances, chanoine de Vienne et d'Embrun

et archevêque de Tours. Il consacra les cinq ans de son pontificat au travail et à la visite de son diocèse. Les archives archiépiscopales d'Embrun contenaient un grand nombre de manuscrits de Jacques Gelu, entre autres une histoire de la pucelle d'Orléans, qui ont malheureusement disparu.

Je n'ai pas retrouvé de sceau de cet archevêque.

JEAN II DE GIRARD (1432-1457).

Portait : *d'or au chevron de gueules, accompagné de trois coquilles de sable.*

La famille de Girard possédait la moitié du fief des Orres près d'Embrun et la seigneurie de Réotiers. Jean de Girard était chanoine d'Embrun : il fut nommé en 1426 président du conseil Delphinal, en 1432 archevêque d'Embrun, en 1450 lieutenant au gouverneur du Dauphiné, en 1456 vice-chancelier de la même province. Jean de Girard fut un des rares archevêques élus par le chapitre d'Embrun. Il contraignit l'abbaye de Boscodon qui s'était soustraite à son obéissance à reconnaître sa juridiction, et imposa, si l'on en croit Chorier, à ses sujets des charges si considérables, qu'il fut blâmé par l'empereur. Jean de Girard mourut à Embrun et y fut enseveli.

SCEAU.

Nº 8. ✠ **sigillum : iohan... : gra : archiepi : ebredun** ✠ Saint Marcellin nimbé, vêtu de la chasuble, de l'aube, de la tunique et du pallium, coiffé de la mitre, bénissant de la main droite et de la gauche tenant une crosse transversale dont le croçon orné est tourné en dehors, est debout de face dans une niche gothique dont le fond est orné d'un dessin guilloché, surmontée d'une double galerie à jour, de deux clochetons et accostée de murailles soutenant deux pinacles gothiques. Dans la partie inférieure du sceau l'archevêque mitré, vêtu de la chasuble, de la tunique et du pallium à genoux, joint les mains et tient la crosse archiépiscopale sous une voûte surbaissée, accostée de deux écussons à ses armes, timbrés d'une croix archiépiscopale.

Sceau ogival de soixante-dix millimètres en cire rouge doublée de cire blanche, suspendu par des lacs de soie verte.

Appendu à une transaction entre l'archevêque et la communauté de Guillestre à propos des dîmes. 1349.

Cum munimine sigilli pontificalis reverendi in Deo patris dni archiepiscopi.

Archives municipales de Guillestre.

JEAN III BAILE (1457-1494).

Portait : *d'or au chevron d'azur accompagné de trois roses de gueules.*

Il était le dix-huitième enfant de Jean Baile, président unique du parlement de Dauphiné. Louis II, dauphin, depuis Louis XI, qui détestait son père pour ne l'avoir point soutenu dans sa révolte contre le roi Charles VII, fit obtenir des bulles papales à Jacques de Caulers, qui se mit en devoir d'occuper le

7

siége d'Embrun; mais Jean Baile s'y fit maintenir grâce à la protection du cardinal d'Estouteville. A peine installé, ses chanoines le poursuivirent pour dettes, à l'instigation du roi; condamné à payer les sommes qu'on lui réclamait, par Gaucher de Forcalquier, évêque de Gap, délégué à cet effet par le pape, il quitta son diocèse pour se soumettre à la juridiction du parlement de Grenoble, alla faire des économies à Avignon, et quelques années après revint se libérer. Jean Baile fut pendant près de vingt ans le persécuteur infatigable des malheureux Vaudois : les massacres et les confiscations furent heureusement suspendus par des lettres de Louis XI, qui ordonna, en 1477, de cesser toutes les procédures et de restituer les biens confisqués.

Sous le pontificat de cet archevêque, le bréviaire d'Embrun fut imprimé pour la première fois par Jacotini de Rubeis, de Langres, en 1489.

Je n'ai point trouvé de sceau de Jean Baile.

ROSTAING D'ANCEZUNE (1494-1510).

Portait : *de gueules à deux dragons ailés monstrueux d'or, affrontés, se retournant et tenant du pied droit leur barbe terminée par des serpents; leur queue terminée de même.*

Ce prélat appartenait à la vieille famille des seigneurs de Caderousse : il avait été prévôt du chapitre d'Orange, et était évêque de Fréjus lorsque Charles VIII écrivit au chapitre d'Embrun pour le prier de le choisir en remplacement de Jean

Baile, qui venait de mourir : il fut obéi. Rostaing, employé constamment par le roi de France à des missions diplomatiques, ne résida presque jamais dans son diocèse.

SCEAU.

No 9. ✠ ⚜ **Sigillu** ✧ **dni** ✧ **rostagui** ✧ **...** **g...** ✧ **archiepiscopi** ✧ **ebred** ⚜. L'archevêque debout de face à mi-corps, vêtu d'un manteau à collet retenu sur la poitrine par un fermail, et d'une aube serrée à la taille : coiffé de la mitre, bénissant de la main droite et de la gauche tenant la croix archiépiscopale, au-dessus d'un écu à ses armes, timbré de la croix archiépiscopale.

Sceau ogival de soixante-sept millimètres en cire rouge, recouverte de papier, suspendu par une double queue de parchemin.

Appendu à l'acte de fondation de la chapelle de Sainte-Marie à Embrun, 1509.

Sub sigillo pontificali venerandi domini archiepiscopi.

Archives des Hautes-Alpes.

JULES DE MÉDICIS (1510-1511).

Portait : *d'or à cinq boules de gueules en orle, en chef un tourteau d'azur chargé de trois fleurs de lys d'or.*

Cet archevêque ne fit que passer sur le siége d'Embrun, auquel il fut nommé à l'âge de trente-deux ans. Il fut élu pape en 1523.

NICOLAS DE FIESQUE (1511-1516).

Portait : *bandé d'argent et d'azur de six pièces.*

D'une illustre famille génoise, il était administrateur des
églises de Fréjus, Agde et Toulon, quand le pape l'éleva à
l'archevêché d'Embrun. Le chapitre avait élu Claude d'Arces,
abbé de Boscodon, qui obtint des lettres patentes de Louis XII.
Après avoir traîné en longueur et avoir été soumise au concile
de Lyon, cette contestation fut terminée par Claude d'Arces
lui-même, qui rentra dans son monastère en renonçant à tous
ses droits.

Sous le pontificat de Nicolas de Fiesque, François Ier passa
à Embrun. Ce prélat, qui du reste ne résida jamais dans son
diocèse, fut transféré, en 1516, à l'archevêché de Ravenne.

SCEAU.

No 10. ✠ NICO..... ISICO. Écu déchiqueté de Fiesque timbré
de la croix archiépiscopale, au-dessus de laquelle est le chapeau
dont les deux pendants forment lambrequins.

Sceau ovale de trente millimètres environ en papier plaqué
sur pâte rouge.

Appliqué par l'official d'Embrun à une pièce de procédure
ecclésiastique. 1513.

Archives du chapitre de Saint-Arnoul à Gap.

La légende de ce sceau, curieuse en ce qu'elle ne contient aucun des titres de l'archevêque, doit être restituée comme il suit : NICOLAVS. DE. FISICO.

FRANÇOIS DE TOURNON (1517-1526).

Portait : *parti au 1er d'azur semé de fleurs de lys d'or, au 2e de gueules au lion d'or.*

Cet archevêque entra d'abord dans l'ordre de Saint-Antoine et fut nommé à la commanderie de Feurs : François Ier l'y connut et le nomma archevêque d'Embrun en 1517, abbé de la Chaise-Dieu en 1519, enfin, en 1526, il l'appela au siége de Bourges. François de Tournon, comme un grand nombre de ses prédécesseurs et de ses successeurs, ne résida jamais dans son diocèse.

Je n'ai point trouvé de sceau de ce prélat.

ANTOINE DE LÉVIS (1526-1548).

Portait : *écartelé aux 1er et 4e d'or à trois chevrons de sable,* qui est de Lévis, *aux 2e et 3e parti au 1er d'azur semé de fleurs de lys d'or, au 2e de gueules au lion d'or,* qui est de Tournon.

Était neveu de son prédécesseur : d'abord chanoine et comte de Lyon, puis évêque de Saint-Paul-Trois-Châteaux, il fut

appelé par le roi à succéder à son oncle sur le siége d'Embrun.
Il ne résida pas dans son diocèse qu'il fit administrer par
Antoine Pascal, évêque *in partibus* de Rosa. Sous ce prélat
l'archevêché d'Embrun perdit ses dernières prérogatives : l'archevêque supplia le roi, en 1533, de rétablir son autorité dans
Embrun, il se plaignit de ce que le parlement de Grenoble
empiétât constamment sur ses droits ; il offrit de tenir les biens
de l'Église d'Embrun en fief du roi, de reconnaître la juridiction
du parlement de Grenoble en dernier ressort, à condition qu'on
lui abandonnerait la juridiction de police urbaine appelée
consulat, les droits de greffe, les émoluments de la cour commune, la moitié de la juridiction de Chorges et Réotier, le droit
d'avoir une cour des appellations. Ses propositions ne furent
pas acceptées.

Il permuta avec son successeur, alors évêque de Saint-Flour :
mais bientôt, reconnaissant sans doute qu'il avait fait une
mauvaise affaire, il lui intenta un procès en résiliation : ce
procès dura plusieurs années et fut perdu par Antoine de
Lévis.

SCEAU.

Nᵒ 11. ✠ S....... D. G....... Écu écartelé aux armes de Lévis
et Tournon, timbré de la croix archiépiscopale, accosté de deux
rinceaux.

Sceau orbiculaire de quarante-huit millimètres environ, en
cire rouge recouverte de papier, suspendu par une double
queue de parchemin.

Appendu à une décision de Rostolan Oronce, official, pronon-

çant que la prescription de dix ans est applicable aux jugements de la cour temporelle. 1531.

Archives municipales de Guillestre.

BALTHAZARD-HERCULE DE JARENTE (1548 1555).

Portait : *d'or à un sautoir de gueules.*

D'une vieille famille provençale, il fut d'abord chanoine de
Saint-Sauveur à Aix, président de la chambre des comptes de
Provence, évêque de Vence (1531), évêque de Saint-Flour (1541),
et enfin, par permutation avec Antoine de Lévis, archevêque
d'Embrun. Il y reçut Henri II revenant d'Italie.

Je n'ai pas trouvé de sceau de ce prélat.

LOUIS DE LAVAL DE BOIS-DAUPHIN (1555).

Portait : *d'or à la croix de gueules chargée de cinq coquilles
d'argent, accompagnée de seize alérions d'azur.*

Il n'avait pas même pris possession de son siége lorsqu'il
mourut.

ROBERT DE LENONCOURT (1556-1558).

Portait : *d'argent à la croix engrêlée de gueules.*

Ce prélat, d'une illustre maison de Lorraine, posséda à la
fois l'administration de quatre évêchés et trois archevêchés

par un de ces abus si fréquents à cette époque : c'étaient les évêchés de Metz, Auxerre, Châlons et Rieti, les archevêchés d'Arles, d'Embrun et de Toulouse, sans compter de nombreux prieurés. Il ne vint jamais à Embrun.

GUILLAUME VIII DE SAINT-MARCEL D'AVANÇON (1561-1600).

Portait : *de gueules au chevron de trois pièces d'argent, au chef d'or.*

D'une vieille famille gapençaise qui possédait les seigneuries d'Avançon et Valserres, il était camérier du pape quand le roi l'appela à l'archevêché d'Embrun après une vacance de siége de deux ans. Il assista au concile de Trente et trouva à son retour son diocèse fortement travaillé par les idées nouvelles qui avaient rencontré parmi les anciens Vaudois un terrain merveilleusement préparé. Lesdiguières, qui commençait à avoir une grande influence sur ses coreligionnaires, désirait vivement s'emparer d'Embrun. Une première tentative essayée en 1573, et dont le chef était Châteauredon, faillit réussir et coûta la vie à son auteur. Rendu méfiant par cette première expérience, Guillaume de Saint-Marcel se mit à la tête de la résistance catholique dans les Alpes, et alla même, si l'on en croit Videl, jusqu'à soudoyer des meurtriers pour se débarrasser de Lesdiguières. Enfin, le 19 novembre 1585, ce capitaine se présenta devant Embrun, en fit sauter les portes, et malgré la courageuse défense de Mathieu de Rame, seigneur des Crottes, commandant de la garnison catholique, s'empara de la ville de vive force. L'église, dont le toit avait été incendié

pendant l'attaque, fut pillée et convertie en temple protestant,
les prêtres furent chassés, quelques-uns tués, mais l'archevêque
avait abandonné dès la veille sa ville épiscopale et il se réfugia
à Rome. La ville d'Embrun eut à payer une contribution de
dix mille écus, Lesdiguières s'empara de tous les revenus
de l'archevêché et des églises. L'archevêque rentra pourtant
en France en 1588, car il assista cette année-là aux États-
généraux de Blois, mais il ne put reprendre possession de
son archevêché qu'en 1599, et encore en payant au vainqueur
une forte somme d'argent pour réparations faites à l'église
métropolitaine après son incendie. Lesdiguières se réconcilia
à cette époque avec lui et lui restitua même une bonne partie
des terres et des revenus archiépiscopaux.

SCEAUX.

Nº 12. ✠ GVILEL...... EDVNE. Écu de Saint-Marcel déchiqueté,
timbré de la croix archiépiscopale et accosté de deux petits
rinceaux.

Sceau ovale de quarante-cinq millimètres environ, en cire
rouge recouverte de papier, suspendu par une double queue
de parchemin.

Appendu à la collation de la chapelle de N.-D. de Réalon à
Pierre Jourdan, prêtre. 1560.

Archives des Hautes-Alpes (1).

(1) Ce sceau est gravé à la Pl. XIV ; je l'ai trouvé trop tard pour le faire graver à la
place qu'il devrait réellement occuper.

8

No 13. ✚ G + D + S + M + A..... ET + P + E + B .... Écu de Saint-Marcel déchiqueté, timbré de la croix archiépiscopale.

Sceau ovale de trente-trois millimètres environ, en cire rouge recouverte de papier, suspendu par une double queue de parchemin.

Appendu à des lettres de diaconat données à Henri Gondelan, sous-diacre. 1571.

Archives du chapitre de Saint-Arnoul de Gap.

No 14. Anépigraphe. Écu ovale des Saint-Marcel dans un cartouche ornementé, placé sur la croix archiépiscopale dont le sommet sert de timbre à l'écu.

Sceau ovale de trente millimètres, en papier plaqué sur pâte rouge.

Appliqué à des lettres archiépiscopales ordonnant au clergé de faire des prières pour le repos de l'âme de certaines personnes tuées par les hérétiques. 1570.

Archives du chapitre de Saint-Arnoul de Gap.

No 15. Anépigraphe. Écu ovale de Saint-Marcel dans un cartouche orné, soutenu par deux cariatides et placé sur la croix archiépiscopale dont le sommet sert de timbre à l'écu.

Sceau ovale de trente millimètres, en papier plaqué sur pâte rouge.

Appliqué à des lettres missives de Guillaume d'Avançon à Paparin de Chaumont, évêque de Gap. 1582.

Archives des Hautes-Alpes.

Ce dernier sceau était le cachet particulier de l'archevêque.

La légende du n° 13 peut s'interpréter de la manière suivante : *Guillelmus de Sancto-Marcello archiepiscopus..... et
princeps Ebredunensis.* Je connais deux exemplaires de ce
sceau aux mêmes archives du chapitre de Gap.

HONORÉ DU LAURENS (1600-1612).

Portait : *d'or au laurier de sinople, au chef d'azur chargé de
trois étoiles d'or.*

Avocat général au parlement d'Aix, devenu veuf en 1600, il
demanda à entrer dans les ordres. Le roi le nomma aussitôt à
l'archevêché d'Embrun. Le nouvel archevêque trouva son diocèse envahi par le protestantisme qui y était le maître depuis
vingt ans : il passa la plus grande partie de son temps à le
visiter en détail, et rétablit les jésuites appelés à Embrun par
son prédecesseur et chassés par Lesdiguières.

Je n'ai point trouvé de sceau d'Honoré du Laurens.

GUILLAUME IX D'HUGUES (1612-1648).

Portait : *d'azur au lion d'or, à trois étoiles d'or rangées en chef,
à trois fasces de gueules brochant sur le tout.*

Il était d'une famille de Languedoc et était à trente-sept ans
général de l'ordre des Cordeliers. Appelé à l'archevêché d'Embrun, il s'occupa pendant tout le cours de son long épiscopat

à réparer les désastres matériels causés par un demi-siècle de guerres de religion : il fit restaurer son église métropolitaine et y orna même une chapelle de magnifiques boiseries, il répara et agrandit le palais archiépiscopal, l'hôpital du Saint-Esprit, les monastères des Capucins et un grand nombre d'autres édifices religieux.

En 1622, Lesdiguières environné d'intrigues de toutes sortes et alléché par l'épée du connétable qu'on faisait briller à ses yeux, consentit à abjurer le protestantisme. Guillaume d'Hugues reçut son abjuration à Grenoble.

En 1629, il reçut à Embrun Louis XIII qui se rendait dans le Milanais.

SCEAU.

Nº 16. Anépigraphe. Écu ovale des d'Hugues dans un cartouche très orné, timbré d'une couronne de comte dans laquelle est passée la croix archiépiscopale.

Sceau ovale de trente-trois millimètres en cire rouge, recouverte de papier, suspendu par une simple queue de parchemin.

Appendu à un *vidimus* d'une charte de 1484. 1622.

Archives des Hautes-Alpes.

GEORGES D'AUBUSSON DE LA FEUILLADE (1648-1668).

Portait : *d'or à la croix ancrée de gueules.*

D'abord prieur de l'abbaye de Saint-Pierre de Solignac, Georges d'Aubusson fut nommé en 1648 évêque de Gap, en remplacement d'Artus de Lyonne, appelé lui-même à Embrun : mais ce prélat ayant préféré ne pas quitter Gap, le roi nomma Georges d'Aubusson directement à l'archevêché d'Embrun. Il le fit plus tard membre du conseil privé et de l'ordre du Saint-Esprit. Cet archevêque s'était déclaré ennemi acharné des Jansénistes, et avait même condamné un de leurs livres; Arnaud employa, pour lui répondre, l'arme qui avait si bien servi à Pascal dans les Provinciales et prouva qu'il avait condamné le livre sans le lire : cette polémique couvrit le malheureux archevêque de ridicule.

Il fut nommé en 1668 abbé de Joyenval et évêque de Metz.

SCEAU.

Nº 17. ✶ GEORGES..... A. FEUILLADE. ARCH. ET. PR. DAMBR. Écu de la Feuillade timbré de la couronne ducale, cimée de la croix archiépiscopale et surmontée du chapeau dont les pendants a trois glands tombent de chaque côté.

Sceau ovale de trente-sept millimètres en cire rouge, recouverte de papier, suspendu par une simple queue de parchemin.

Appendu au *vidimus* d'un acte de 1478. 1661.

Archives des Hautes-Alpes.

Les pendants des chapeaux archiépiscopaux doivent avoir cinq glands, c'est par une erreur du graveur qu'ils n'ont pas ce nombre dans le sceau précédent.

CHARLES BRULART DE GENLIS (1668-1714).

Portait : *de gueules à la bande d'or chargée d'une trainée tortillée de sable et de cinq barils de même.*

D'abord aumônier du roi, puis abbé de Joyenval, il céda cet abbaye à Georges d'Aubusson, auquel il succéda sur le siége archiépiscopal d'Embrun.

En 1692, le duc de Savoie envahit l'Embrunais, s'empara de Guillestre et enleva Embrun après un siége de douze jours. L'archevêque se présenta devant lui en manteau d'écarlate, et le duc mécontent de son attitude hautaine imposa une forte contribution à la ville, fit briser les cloches de la cathédrale et détruire les murailles. Charles de Genlis créa un grand séminaire pour l'instruction des jeunes clercs. Il assista à l'assemblée du clergé de France de 1682, dans laquelle fut faite la déclaration relative aux libertés de l'Église gallicane, et en souscrivit tous les articles. On l'a même accusé d'avoir adopté les opinions jansénistes.

A sa mort, il légua tous ses biens au chapitre métropolitain et aux pauvres d'Embrun.

SCEAU.

Nº 18. ...... VS. BRVLART. DE GENLIS. ARCHIᵉᵖ. E͡T PRIN͡. EBREDV-NENSIS. Écu où l'on retrouve les armoiries de Talleyrand, Ventadour, Chabot, Halluin, Blécourt, etc., et sur le tout de Brulart,

timbré de la couronne de marquis passée dans la croix archiépiscopale et surmontée du chapeau dont les pendants à cinq
glands tombent de chaque côté.

Sceau ovale de cinquante-six millimètres, en papier plaqué
sur pâte blanche.

Appliqué à des lettres par lesquelles l'archevêque approuve
la nomination de l'abbé Victor-Amédée de Lafond de Savines
comme abbé de Boscodon. 1712.

Collection de l'auteur.

Un second exemplaire de ce sceau existe aux archives du
chapitre de Gap.

FRANÇOIS-ÉLIE DE VOYER D'ARGENSON (1715-1719).

Portait : *écartelé aux 1 et 4 d'azur à deux lions léopardés d'or
passant l'un sur l'autre, couronnés de même, armés et lam-
passés de gueules* qui est de Voyer-d'Argenson; *aux 2 et 3
d'argent à une fasce de sable* qui est de Gueffault, *et sur le
tout de gueules à un lion d'argent passant, tenant dans sa
patte droite une palme de même*, qui est de Paulmy.

Ce prélat, d'abord prieur de Saint-Nicolas de Poitiers, puis
doyen de Saint-Germain-l'Auxerrois, fut nommé évêque de Dol
en 1702. Il fut transféré à Embrun en 1715 et à Bordeaux en
1719. Il ne parut jamais dans son diocèse et se contenta de
persécuter de loin les Jansénistes qui pouvaient s'y trouver.

SCEAU.

No 19. Anépigraphe. Écu ovale d'Argenson dans un cartouche timbré de la couronne ducale, cimée de la croix archiépiscopale, surmonté du chapeau dont les pendants à cinq glands tombent de chaque côté.

Sceau ovale de vingt-et-un millimètres, en papier plaqué sur pâte rouge.

Appliqué à des lettres de diaconat de 1718.

Archives du chapitre de Saint-Arnoul de Gap.

JEAN-FRANÇOIS-GABRIEL DE HÉNIN-LIÉTARD (1719-1724).

Portait : *de gueules à une bande d'or.*

Il fut d'abord vicaire général de Châlon-sur-Saône puis évêque d'Alais. Il ne se passa rien de remarquable pendant son pontificat à Embrun.

Je n'ai pas retrouvé son sceau.

PIERRE GUÉRIN DE TENCIN (1724-1740).

Portait : *d'or à un arbre arraché de sinople, au chef de gueules chargé de trois besans d'argent.*

Ce personnage était issu d'une famille originaire des Alpes et enrichie par le commerce. Il s'était d'abord attaché à la personne de M. de la Hoguette, archevêque de Sens, qui lui fit donner un petit bénéfice, mais sa célèbre sœur Claudine s'étant fixée à Paris après avoir quitté le voile, il vint habiter auprès d'elle et n'agit plus désormais que par ses conseils. Grâce à l'influence de ses nombreux amants, Madame de Tencin introduisit son frère chez le fameux Law, qui était protestant : l'abbé de Tencin parvint à le convertir et s'attira ainsi l'attention de la cour, il eut en outre le talent de gagner de fortes sommes en agiotant sur les actions du Mississipi dont Law dirigeait tous les mouvements. En 1720, il fut nommé à l'évêché de Grenoble, mais il eut le bon esprit de refuser : il n'eut point pu, en effet, se présenter décemment dans une ville qui avait été témoin des scandales de sa sœur, à laquelle il devait sa fortune. Il suivit à Rome, en 1721, le cardinal de Billy et fut nommé archevêque d'Embrun en 1724. Malgré le peu d'ardeur de ces convictions religieuses, il persécuta cruellement les Jansénistes de son diocèse pour être agréable à la cour. Il tint à Embrun un concile fameux que Saint-Simon a qualifié de brigandage et dans lequel fut condamné Soanen, évêque de Senez, accusé de jansénisme (1727). Ses querelles avec les Jansénistes occupèrent la majeure partie de ses instants depuis cette époque jusqu'en 1739 où le pape le récompensa de son zèle en lui accordant le chapeau de cardinal. Un an après il fut transféré à l'archevêché de Lyon.

D'une intelligence médiocre, Pierre Guérin de Tencin eut toujours recours à une plume étrangère pour rédiger ses mandements et actes archiépiscopaux; ceux qu'il publia à Embrun sont de Jean d'Yse de Saléon, vicaire général de Grenoble : il dut sa haute fortune à l'intelligence seule et aux intrigues de sa sœur. Lorsqu'elle mourut en 1749, il tomba dans l'oubli.

9

Quant à son caractère, il était remarquable par une absence totale de scrupules.

SCEAU.

Nº 20. Anépigraphe. Écu ovale des Tencin dans un cartouche timbré de la couronne de marquis, cimée de la croix archiépiscopale, surmonté du chapeau dont les pendants à cinq glands tombent de chaque côté.

Cachet ovale de vingt millimètres en cire d'Espagne rouge.

Appliqué à des lettres de prêtrise de 1732.

Archives du chapitre de Saint-Arnoul de Gap.

BERNARDIN-FRANÇOIS FOUCQUET (1740-1767).

Portait : *d'argent à l'écureuil de gueules.*

Il était arrière-petit-fils du célèbre surintendant Foucquet et neveu du duc de Bellisle. Appelé sur le siége d'Embrun après avoir été abbé de Saint-Pierre de Caunes et grand vicaire de Noyon, il passa fort paisiblement son long pontificat, donna sa démission en 1767 et mourut à Paris en 1785.

Je n'ai pas retrouvé son sceau.

PIERRE-LOUIS DE LEYSSIN (1767-1791).

Portait : *d'azur au sautoir d'or.*

D'une famille dauphinoise, il fut d'abord chanoine de Saint-Pierre de Vienne, puis successivement vicaire général de Jean et de Claude de Barral, évêques le premier de Castres, le second de Troyes. Appelé à l'archevêché d'Embrun, il dut être contraint à la résidence par le parlement de Grenoble, saisi de plaintes nombreuses à son sujet. Il établit à Embrun un grenier à blé et donna la direction du collége de cette ville à des prêtres séculiers pour remplacer les jésuites, supprimés par un bref du pape Clément XIV. Lorsque la Révolution éclata, Pierre de Leyssin combattit avec énergie les idées nouvelles mais sans aucun succès. Forcé de quitter le département des Hautes-Alpes, il fut remplacé par Ignace de Cazeneuve, chanoine de Gap.

Les mœurs de Pierre de Leyssin laissaient beaucoup à désirer et il donna de nombreux scandales à ses ouailles.

SCEAUX.

N° 21. Anépigraphe. Écu ovoïde de Leyssin dans un cartouche timbré de la couronne de marquis, cimée de la croix archiépiscopale à double croisette, surmonté du chapeau dont les pendants à cinq glands tombent de chaque côté.

Sceau ovale de vingt-six millimètres en papier plaqué sur pâte rouge.

Appliqué à une approbation des comptes ecclésiastiques de 1782.

Archives des Hautes-Alpes.

N° 22. Anépigraphe. Écu ovoïde de Leyssin dans un cartouche timbré de la couronne ducale, cimée de la croix archiépiscopale, surmonté du chapeau dont les pendants à cinq glands tombent de chaque côté : au-dessous deux palmes croisées.

Sceau ovale de vingt-trois millimètres en papier plaqué sur pâte rouge.

Appliqué à des lettres de sous-diaconat de 1778.

Archives des Hautes-Alpes.

CHAPITRE IV.

JURIDICTION ARCHIÉPISCOPALE.

ARTICLE 1. — ATTRIBUTIONS DE LA COUR ARCHIÉPISCOPALE.

L'archevêque et le Dauphin possédaient en commun quelques terres, entre autres Embrun et Chorges, et leur juridiction s'y exerçait par la cour commune : mais l'archevêque,
comme nous l'avons vu, possédait un assez grand nombre de
seigneuries exemptes de pariage avec le Dauphin. Les principales étaient Guillestre, Mont-Dauphin, Châteauroux, Saint-
Clément, Champcella, Saint-Crépin, Ceillac, Eygliers, La Roche, Risoul, Vars, Crévoulx, le Saulze, Beaufort, Bréziers et
Rochebrune. Elles formaient une judicature spéciale sous le
nom de châteaux archiépiscopaux : celles qui se trouvaient au
dessus d'Embrun dans la vallée de la Durance portaient le nom
de Hauts-Châteaux, celles qui se trouvaient au-dessous se
nommaient Bas-Châteaux. Par une transaction intervenue en
1321 entre Henri, évêque de Metz, régent du Dauphiné et l'ar-

chevêque Raymond, il fut décidé qu'à l'avenir chacun d'eux ne
pourrait faire siéger les juges de ses terres ou de ses hommes
particuliers dans les seigneuries communes à l'archevêque et
au Dauphin. Par suite de cet accord, l'archevêque dut trans-
porter sa juridiction particulière hors d'Embrun, probablement à Guillestre.

La même transaction de 1321 constate que la juridiction
ecclésiastique appartient exclusivement à l'archevêque : il est
probable que dans les siècles qui suivirent, cette juridiction
ecclésiastique en ce qui concernait les contestations des clercs
entre eux, fut unie à la cour archiépiscopale.

Un des sceaux que nous publions (nᵒ 24) prouve même que
les vicaires généraux ou officiaux se servaient du sceau de la
cour archiépiscopale pour sceller les nominations de curés et
autres actes d'administration ecclésiastique.

Nous avons vu, du reste, qu'en 1276, Rodolphe de Hapsbourg, en confirmant les priviléges des archevêques d'Embrun,
déclara que les actes scellés du sceau archiépiscopal feraient
pleine foi dans l'empire comme actes publics, et que cette décision aurait même effet rétroactif pour les prédecesseurs de
l'archevêque alors vivant.

A partir du xvıᵉ siècle, la juridiction des châteaux archiépiscopaux fut unie à la cour commune d'Embrun.

ARTICLE II. — DESCRIPTION DES SCEAUX DE LA COUR
ARCHIÉPISCOPALE.

Nᵒ 23. ✠ ⠂ s ⠂ ɅRCHIEPISCOPALIS ⠂ Archevêque debout
de face à mi-corps, vêtu de la chasuble, du pallium et de l'amict :

coiffé de la mitre, bénissant de la main droite et tenant de la gauche la crosse dont le croçon très orné est tourné en de dehors.

℟. ✠ CVRIA. EBREDVNENSIS : Aigle les ailes éployées tourné à gauche.

Bulle de plomb orbiculaire de trente-quatre millimètres, suspendue par des cordons de fil blanc et rouge.

Appendue à un règlement concernant les fours banaux de Guillestre et autorisant les fourniers à prendre comme paiement un pain sur vingt-neuf. Guillestre, 1332.

Et ad majorem ejusdem permissionnis firmitatem bulla plumbea curie archiepiscopalis Ebredunensis tradidi bullandum.

Archives municipales de Guillestre.

Il existe aux mêmes archives un autre exemplaire de cette belle bulle appendue à un jugement de la cour de 1310. Un troisième exemplaire détaché de son titre est aux archives nationales.

L'aigle qui se voit au revers est évidemment l'aigle des empereurs d'Allemagne dont nos archevêques étaient encore vassaux au xive siècle. Cette aigle se retrouve sur des bulles d'autres prélats dauphinois, entre autres sur celles des évêques de Saint-Paul-Trois-Châteaux avec la légende caractéristique : AQILA IMPATORIS ROMANI.

Nº 24. ✠ S'CVR....... LI. EBREDVNEN. Archevêque debout de face à mi-corps, vêtu de la chasuble, coiffé de la mitre et tenant à la main droite la croix archiépiscopale.

Sceau orbiculaire de vingt-sept millimètres, en cire rouge recouverte de papier, passé dans une fente de parchemin.

Appendu à la nomination comme curé de la Salle de Pierre Chirouse par le vicaire général d'Embrun. 1501.

Et sigillo pontificalis curie munivi.

Archives municipales de la Salle.

CHAPITRE DE NOTRE-DAME.

CHAPITRE I.

CONSIDÉRATIONS HISTORIQUES SUR LE CHAPITRE DE NOTRE-DAME.

J'ai déjà parlé dans la Sigillographie du diocèse de Gap, de l'origine et du rôle des chapitres : d'abord simple réunion de personnes pieuses se rassemblant à des heures fixes pour prier, devenant ensuite les conseils des évêques, puis le corps électoral chargé de les choisir, se recrutant enfin uniquement parmi les clercs, et acquérant par la suite des temps une puissance territoriale et des revenus parfois considérables, grâce aux donations des seigneurs ecclésiastiques ou séculiers. La plupart des chapitres devinrent même des corps indépendants et politiques en obtenant des papes des bulles qui les sous-

10

trayaient à la juridiction épiscopale pour les placer sous celle
de leur doyen seul avec appel au pape.

Le chapitre d'Embrun ne fut jamais un corps indépendant.
Jusqu'au XIVᵉ siècle, il demeura placé sous le patronage de
saint Marcellin, premier évêque d'Embrun et en porta le
nom (1). La pauvreté des chanoines d'Embrun était telle à
cette époque qu'ils furent contraints d'insérer dans leurs statuts la clause que leur nombre ne pourrait jamais excéder celui
de douze : ces statuts furent approuvés par le pape et l'archevêque Bernard Chabert au commencement du XIIIᵉ siècle : en
1320, leurs revenus étaient encore si restreints que ce nombre
de douze dut être diminué de nouveau.

Jusqu'au XIIIᵉ siècle les chanoines d'Embrun essayèrent une
seule fois, sous l'épiscopat de Raymond II (1208-1213) de se
rendre indépendants de l'archevêque. La perte de tous les documents originaux concernant cet incident ne nous permet pas
de savoir quelles étaient au juste les prétentions du chapitre et
sur quels titres il basait ses réclamations : cette affaire ne nous
est plus connue que par les récits assez peu clairs des vieux
annalistes de l'église d'Embrun. Nous savons seulement que ce
différend, sur lequel statuèrent en dernier ressort les évêques
de Gap et de Digne, ne se termina pas à l'avantage du chapitre : il dut se résigner à demeurer sous la juridiction de l'archevêque et à subir son droit de visite.

En 1339 commença pour le chapitre d'Embrun une période
toute nouvelle, période de prospérité qui se prolongea jusqu'au

---

(1) *Anthemius canonicus capituli sancti Marcellini.* — Acte de 1027. — Cart. de Saint
Victor. — *Arnulphus sacerdos sancti Marcellini.* Transaction avec la Dauphine Béatrix.
1237.

milieu du XVIe siècle. Des faits considérés comme miraculeux et qu'il n'est pas possible de discuter à cause de l'absence de documents et de l'éloignement de l'époque où ils se sont passés, se produisirent en grand nombre autour d'une peinture miraculeuse placée dans l'église cathédrale d'Embrun. Cette peinture nommée le *Réal*, était située dans le tympan de l'une des portes de l'église et représentait la Vierge, les trois rois mages et quelques autres figures. A partir de cette époque les pèlerins affluèrent à Embrun, les dons se multiplièrent, les princes et les rois tinrent à honneur d'augmenter les revenus du chapitre. Celui-ci changea aussitôt son titre de Saint-Marcellin contre celui de Notre-Dame et augmenta son personnel de telle sorte qu'au commencement du XVIe siècle les chanoines bénéficiers et les prêtres attachés au chapitre s'élevèrent au nombre de plus de cent.

Charles VIII, François Ier, Henri II, vinrent visiter l'image merveilleuse : la dévotion de Louis XI pour Notre-Dame d'Embrun est demeurée célèbre, il lui fit don d'une rente annuelle de quatre mille ducats valant trois livres sept sols deux deniers pièce, à condition de dire tous les jours une messe pour le repos de son âme (1481).

Pour lui prouver leur reconnaissance, les chanoines nommèrent en 1482 et avec l'approbation du pape, le roi de France premier chanoine d'Embrun à perpétuité. Le trésor de la cathédrale dont l'inventaire a été conservé était d'une richesse inouïe : on y voit énumérés près de dix statues d'argent massif, une multitude de reliques enchâssées dans l'or et les pierres fines, et des ornements sacerdotaux de toute beauté (1).

(1) Malgré les pillages successifs dont l'Église d'Embrun a été victime, elle possède peut-être les plus beaux ornements de France, dont plusieurs des XIVe et XVe siècles.

Le pèlerinage de Notre-Dame d'Embrun jouit pendant tout le moyen-âge d'une grande renommée.

Embrun fut emporté d'assaut le 19 septembre 1585 par Lesdiguières à la tête des protestants. La cathédrale fut brûlée en partie, le trésor du chapitre pillé, vendu et les chanoines dispersés.

Le chapitre d'Embrun ne se releva pas de ce rude coup; du reste le pèlerinage d'Embrun, jadis si florissant et source de revenus si considérables, avait perdu une partie de son prestige et n'attirait plus que de rares visiteurs. Les derniers fidèles lui furent enlevés à la fin du XVIIe siècle par le pèlerinage du Laus qui s'établit à peu de distance.

En 1789, le chapitre se composait de dix-huit chanoines dont quatre dignitaires portant le nom de prévôt, sacristain, chantre et archidiacre. Le roi était, comme nous l'avons dit, premier chanoine d'Embrun depuis 1482 et l'archevêque était le second.

Le prévôt était à la nomination du roi et l'archidiacre à celle de l'archevêque : les autres dignitaires étaient élus par le chapitre.

Le bas chœur était tenu par deux précenteurs, deux curés hebdomadiers, un sous-sacristain, un secondaire, deux diacres et deux sous-diacres. Le chapitre payait en outre un notaire-secrétaire, six enfants de chœur, deux bedeaux, un maître de chapelle, un organiste, un baile, un précepteur pour les enfants de chœur et deux valets.

Il était seigneur de Saint-Clément et coseigneur des Orres et Châteauroux. La terre des Orres lui avait été vendue le 11 avril 1127, par Guillaume V, comte de Provence, pour la somme de 1,100 sols viennois. En 1714, l'archevêque Charles Brulart·

de Genlis lui laissa par testament la terre de Freyssinières.

Les chanoines prébendés ne jouissaient pas tous du même revenu : les derniers nommés avaient à peine cent livres de fixe, les prébendes des plus anciens leur rapportaient au contraire de douze à quinze cents livres. En effet, ils ne gardaient pas toujours la même prébende, mais les plus anciens avaient le droit, à la mort de l'un de leurs collègues, de quitter la leur pour prendre celle qui devenait vacante.

CHAPITRE II.

DESCRIPTION DES SCEAUX DU CHAPITRE D'EMBRUN.

Il portait: *de gueules au pallium d'argent, orné de cinq croisettes de sable, adextré d'une crosse d'or, le croçon tourné en dehors et senestré d'une mitre d'argent.*

J'ignore à quelle époque le chapitre d'Embrun a adopté ces belles armoiries; le monument le plus ancien sur lequel on les voit reproduites est une fontaine du xvie siècle existant à Embrun. On y voit quatre écussons, d'abord celui de France-Dauphiné couronné, puis deux autres sur lesquels sont sculptées les armoiries du chapitre telles que nous venons de les décrire, un quatrième représente les mêmes armoiries, mais augmentées d'un chef d'or chargé de trois dauphins d'azur.

Les plus anciens sceaux du chapitre ne nous sont pas parvenus, ils devaient représenter saint Marcellin, fondateur de l'église d'Embrun; ceux que nous possédons sont plus récents et datent de l'époque ou les chanoines s'étaient déjà mis sous la protection de Notre-Dame (1339).

Nº 25. .. ᛒᛁᛟᛚᛚ. ᛈᚱᛁᚱᚳᚢᚦᛁ. ᛖᛒᚱᛖᛟᚢᚾᛖᚾᛒᛁ... La vierge
nimbée debout de face sur un croissant, tenant l'enfant Jésus
dans ses bras : le fond du sceau est orné d'un guillochage
quadrillé et semé de quartefeuilles.

Sceau ogival de soixante millimètres environ en cire rouge,
suspendu par une double queue de parchemin.

Appendu à une levée d'excommunication. 1383.

Archives municipales d'Embrun.

On remarque cette singulière abréviation SIGLV. On trouve
assez souvent l'abréviation SIGILLU (1182-1202) ou SIGILL (1197-
1263-1314 etc.) (1), mais c'est la première fois que je rencontre
le mot SIGLV : il se rapproche beaucoup du vieux français *Saiel*
ou *Sejel*.

Nº 26. CAPITVLVM. EBREDVNENSE écrit sur deux banderolles
à gauche et à droite de la vierge couronnée et nimbée debout
de face sur un croissant, et tenant dans ses bras l'enfant Jésus
nu et nimbé. Dans la partie inférieure du sceau une double
branche de laurier.

Matrice de sceau ogivale en bronze de soixante-cinq millimètres.

Appartient à M. Berthelot, d'Embrun.

Cette belle matrice de sceau a été découverte il y a peu d'années dans les environs d'Embrun : elle date du XVIᵉ siècle. Je
n'ai pas pu trouver de sceau plus récent du chapitre d'Embrun,

(1) Ces exemples sont tirés de l'*Inventaire des sceaux des archives nationales*, publié
par M. Doüet d'Arc.

voici toutefois comment s'exprime à ce sujet Albert, l'historien
de l'Église d'Embrun.

Après avoir décrit les armoiries du chapitre, il ajoute :
« Outre ces armoiries que nous venons de blasonner, ce cha-
« pitre a encore deux autres sceaux différents dont il scelle les
« provisions des bénéfices à sa collation. Il se sert de l'un
« lorsque le siége est rempli, et que l'archevêque a prêté ser-
« ment entre les mains de sa majesté, et il se sert de l'autre
« lorsque le siége est vacant.

« Dans le premier de ces sceaux on voit l'image de la sainte
« Vierge tenant entre ses bras le divin enfant Jésus. Ce sceau
« était apparemment les premières armoiries de cette Église
« avant qu'on eût donné des règles fixes et certaines à la
« science du blason.

« Dans le second sceau, qui est celui dont le chapitre se sert
« *sede vacante,* l'on voit une image semblable à celle qui est
« sur la porte principale de l'église métropolitaine qu'on
« appelle, en ancien langage du pays, *le Réal de Notre-Dame,*
« ou *Notre-Dame du Réal,* c'est-à-dire *Notre-Dame des Rois.*
« Cette image représente la sainte Vierge assise et tenant entre
« ses bras son fils adorable, et les trois rois mages, prosternés
« aux pieds de ce divin enfant, l'adorent et lui offrent leurs
« présents : l'un de l'or, l'autre de l'encens et le troisième de
« la myrrhe (1). »

Ce dernier sceau n'a pas été retrouvé jusqu'à ce jour.

(1) *Histoire du Diocèse d'Embrun,* par le curé Albert. Embrun. 1783. Vol. II, p. 321.

CHAPITRE III.

SCEAUX DES DIGNITAIRES DU CHAPITRE D'EMBRUN.

Le chapitre d'Embrun n'ayant jamais eu de juridiction, d'existence indépendante, ni de puissance politique, ses dignitaires n'ont pas dû faire souvent usage de leur sceau, aussi je n'en ai trouvé que deux et d'une importance médiocre. En voici la description.

HONORAT CHAROTTI, CHANTRE.

N° 27. OPTIMV-OM. BÑA. AGERE. Écu chargé d'une roue d'où sortent trois flammes, au chef chargé d'une étoile.

Sceau orbiculaire de vingt millimètres en papier plaqué sur pâte rouge.

Appliqué à des lettres de provision accordées par le chapitre d'Embrun pour un changement de prébende.

Cum munimine sigilli Honnorti Charotti, cantoris almæ ecclesiæ Ebredunensis. 1528.

Archives du chapitre de Saint-Arnoul de Gap.

11

La légende singulière de ce sceau doit, je crois, s'interpréter de la manière suivante : OPTIMVM EST OMNIA BENE AGERE.

CHARLES DU MOTET, CHANOINE.

N° 28. S. D. KAROLI. MOTETI. CANO. EBREDVNE. Écu chargé d'une aigle éployée à un chef et entouré de feuillages.

Matrice de sceau orbiculaire en bronze de trente millimètres.

Musée de Lyon.

La famille du Motet était originaire de Grenoble et portait : *de gueules à l'aigle d'argent becquée et membrée d'or au chef de même.* Ce sont en effet les armoiries que nous voyons sur le sceau précédent. Cette famille a donné le jour à quelques personnages qui ont brillé dans la carrière des armes depuis la fin du XIII° siècle. Nous y trouvons entre autres un Charles, gentilhomme ordinaire de la chambre du roi, vers la fin du XVI° siècle.

Il est impossible, croyons-nous, que Charles, chanoine d'Embrun, et Charles, gentilhomme du roi, soient un seul et même personnage. Du reste, notre matrice de sceau ne doit pas être postérieure au milieu du XVI° siècle.

ABBAYES ET COUVENTS.

CHAPITRE I.

ABBAYE DE BOSCODON.

ARTICLE I. — CONSIDÉRATIONS HISTORIQUES.

L'abbaye de Boscodon portait : *d'argent à l'arbre de sinople reposant sur une terrasse de même.*

La gorge de Boscodon est située à peu de distance d'Embrun entre les communes des Crottes et de Savines. Une belle forêt, aujourd'hui domaniale, couvre les flancs des montagnes environnantes et a donné son nom à la vallée (*Boscus Odonis,* le bois d'Eudes, ou encore *Bosc Dun,* hauteur boisée). C'est là qu'en 1132 se réfugièrent des moines du monastère d'Oulx, de l'ordre de Saint-Benoit, chassés de leur couvent situé dans les environs de Guillestre, par les inondations de la Durance. Guillaume II, archevêque d'Embrun, Guillaume, Hugues et Bertrand de Baux exemptèrent Guillaume de Lyonne, premier abbé de Boscodon, de toutes les taxes et de tous les droits dont il pouvait leur être redevable pour les transports et les charrois des matériaux nécessaires à la construction de son abbaye.

Ponce d'Arbert, Guillaume, Pierre et Adam, seigneurs de Montmirail, donnèrent le sol sur lequel devaient s'élever l'église et le monastère, les bois environnants, des terres, des eaux et des prairies. L'abbaye naissante reçut successivement en don des vignes à Remollon (1140), la belle terre de Paillerols en Provence, des bois dans le Devoluy, les prieurés de la Coulche dans la paroisse de Prunière, celui de Saint-Denis dans celle de Chorges et de Sellonet près de Seyne, etc.

Attirés par cette prospérité toujours croissante les religieux de l'abbaye de Chalais, au diocèse de Grenoble, s'unirent à l'abbaye de Boscodon en 1138. En 1293 Raymond, archevêque d'Embrun, unit également à Boscodon le monastère de Sainte-Croix de Châteauroux, à la condition que les dettes de cette maison seraient liquidées et payées par l'abbaye, qu'on respecterait les droits de l'archevêque sur Sainte-Croix et les transactions passées entre les religieux de ce monastère et les habitants de Châteauroux.

Bien avant cette époque les abbés de Boscodon avaient envoyé des colonies de religieux fonder des maisons suffragantes dans les environs : c'est ainsi que furent créés les prieurés de Guillestre, des Ecoyères et de Molines en Queyras dont chacun contenait plusieurs religieux.

En 1170 ou 1190 ils fondèrent, grâce aux libéralités de Guillaume VI, comte de Forcalquier, l'abbaye de Lure, qui bientôt se rendit indépendante et exista jusqu'en 1791 ; elle était située dans le diocèse de Sisteron. En 1202 fut établie celle de Puyredon au diocèse d'Arles et un peu plus tard celle de Sainte-Marie de Prats au diocèse de Digne.

Alexandre III en 1176, et Alexandre IV en 1255, confirmèrent les donations faites à l'abbaye de Boscodon et en approuvèrent les statuts.

Béatrix, dauphine, femme de Humbert I, la prit sous sa protection en 1282; Marie, comtesse de Provence, confirma en 1382 les donations et priviléges qui lui avaient été concédés par ses prédécesseurs; Sigismond, empereur, roi des Romains, fit la même chose en 1415.

Malgré ces puissantes protections jamais les religieux de Boscodon ne purent se soustraire à la juridiction des archevêques d'Embrun : les abbés firent, pour atteindre ce but, jusque dans le milieu du xviiie siècle des efforts persistants et tous également infructueux : ils durent toujours se soumettre à la juridiction archiépiscopale et subir le droit de visitation de l'archevêque.

L'abbaye de Boscodon avait le titre d'abbaye royale, l'abbé avait droit de porter la mitre et la crosse, il nommait directement aux prieurés ressortissant de l'abbaye et pouvait punir, suspendre et interdire sans appel ses subordonnés, auxquels il était défendu de rien posséder en propre. Malgré cette forte organisation il y eut dans la règle de cette abbaye, en 1183, à la fin du xive et du xviie siècle, quelques relâchements qui nécessitèrent des réformes.

Brûlée quatre fois : en 1370 et 1432 par accident, en 1585 par les protestants et enfin en 1692 par le duc de Savoie, l'abbaye de Boscodon fut définitivement supprimée par un édit royal de 1768 : il déclarait que les abbayes soumises *aux ordinaires des lieux* seraient supprimées si elles ne comptaient pas plus de seize religieux : Boscodon n'en contenait plus que douze, et n'ayant que 8,000 livres de rentes, ne pouvait pas en entre-

tenir un plus grand nombre. Les religieux, auxquels on alloua
une modique pension, furent obligés de se disperser; deux
prêtres séculiers furent établis dans les bâtiments de l'abbaye
pour acquitter les messes de fondation, et la mense conventuelle
fut divisée entre l'archevêque, le chapitre, l'hôpital, le collége
et le séminaire d'Embrun. Le titre d'abbé de Boscodon ne fut
pas supprimé pour cela : on gratifia l'abbé de Boscodon,
désormais sans religieux sous ses ordres, d'une pension de
4,000 livres faite par l'État, d'une autre de 3,000 faite par
l'archevêque, et de quelques prieurés rapportant cinq ou
six mille livres de rentes. La collation de ce bénéfice fut laissée
à l'archevêque d'Embrun. Pierre de Leyssin, archevêque, s'empressa, immédiatement après la suppression de l'abbaye, de
pourvoir de cette riche sinécure son frère Joseph, qui déjà était
son vicaire général.

Quelques-uns des moines de Boscodon voulurent protester
contre cette spoliation, mais ils perdirent leur procès et furent
condamnés aux frais que l'on préleva par annuités sur leur
petite pension.

ARTICLE II. — DESCRIPTION DES SCEAUX.

Les archives de l'abbaye de Boscodon ont totalement disparu;
une grande partie avait évidemment été détruite dans les quatre
incendies qui affligèrent ce monastère, cependant il en restait
encore assez en 1783 pour que le curé Albert, chroniqueur du
diocèse d'Embrun, ait pu les consulter avec fruit à cette époque.
Cette perte extraordinaire et regrettable nous condamne à ne
publier que deux sceaux de Boscodon à peu près insignifiants.

Peut-être quelque jour des chartes plus anciennes pourront être retrouvées et nous permettre d'être plus complet.

FRANÇOIS DE SAUTEREAU, ABBÉ.

Nº 29. Anépigraphe. Écu de Sautereau timbré d'une couronne de comte cimée d'une mitre à gauche et d'un croçon orné tourné en dedans à droite, accosté de deux palmes croisées.

Sceau ovale de dix-sept millimètres en cire rouge plaqué sur un ruban de soie de la même couleur.

Appendu à un acte de 1668.

Archives de l'Isère.

La famille de Sautereau, originaire du Dauphiné, portait : *d'azur à la croix d'or accompagnée de quatre éperviers d'argent becqués, membrés, liés et grilletés d'or.* Elle donna successivement trois abbés à Boscodon de 1600 à 1712 : Abel, François et Michel. François, auquel appartient le sceau décrit plus haut, gouverna l'abbaye de 1639 à 1680. Il était également conseiller au parlement de Grenoble.

SYLVESTRE, ÉCONOME.

Nº 30. Anépigraphe. Deux écus ovales accolés, le premier *chargé d'un chevron raccourci surmonté de deux traits inégaux, accompagné en chef de trois étoiles 1 et 2, et de quatre flammes* mourantes *des quatre angles de l'écu* ; le second portant les armoiries de l'abbaye de Boscodon, entourées de rinceaux et timbrées du chapeau dont les pendants à deux glands tombent de chaque côté.

Cachet ovale de vingt-cinq millimètres en cire d'Espagne rouge.

Appliqué à de nombreuses lettres concernant un procès entre l'abbaye et le seigneur des Crottes de 1750 à 1760.

Collection de l'auteur.

Je publie ce cachet parce qu'il est à ma connaissance le seul monument original qui nous donne les armoiries de Boscodon.

CHAPITRE II.

COUVENTS.

ARTICLE I. — COLLÉGE DES JÉSUITES D'EMBRUN.

Suivant l'Armorial des généralités (1696), les Jésuites d'Embrun portaient : *d'or à la bande componée d'argent et de sinople de six pièces.*

Guillaume d'Avançon fit venir en 1583 les Jésuites à Embrun et leur donna la direction du collége qu'il y avait fondé. Ils n'y restèrent que deux ans, en furent chassés par Lesdiguières et peu après expulsés de France par les parlements comme complices de l'assassinat de Henri III.

Ils furent rappelés et rétablis à Embrun par Honoré de Laurens en 1604 ; l'archevêque, le chapitre, l'abbé de Boscodon et la ville d'Embrun leur allouèrent une rente de 4,000 livres à la condition qu'ils dirigeraient le collége de la ville.

Ils reçurent dans la suite un assez grand nombre de donations particulières et gouvernèrent le collége d'Embrun avec un certain éclat jusqu'en 1763 où ils furent de nouveau supprimés par les parlements. Leur maison se composait de douze religieux.

12

Des prêtres séculiers les remplacèrent dans l'administration du collège d'Embrun.

J'ai trouvé de cet établissement les deux sceaux suivants.

N° 31. ✠ RECTORIS. COLL. EBREDVN. SOC. IESV. Le monogramme IHS placé sur les trois clous de la passion et surmonté d'une croix, dans un nimbe ovale rayonnant.

Sceau ovale de trente-et-un millimètres en papier plaqué sur pâte blanche.

Appliqué à une pièce relative au paiement de droits dus au chapitre de Gap par les Jésuites d'Embrun pour le prieuré de Saint-André de Gap. 1641.

Archives du chapitre de Saint-Arnoul de Gap.

N° 32. ✠ RECT. COLL. EBREDVNENSIS. SOC. IESV. Le monogramme IHS placé sur les trois clous de la passion et surmonté d'une croix, dans un nimbe ovale rayonnant.

Sceau ovale de vingt-neuf millimètres en papier plaqué sur pâte blanche.

Appliqué à une lettre missive du recteur du collège d'Embrun au doyen du chapitre de Gap. 1728.

Archives du chapitre de Saint-Arnoul de Gap.

ARTICLE II. — COUVENT DE LA VISITATION.

Il portait : *d'or au cœur de gueules chargé en cœur du monogramme IHS d'or, cimé d'une croix de sable, percé de deux flèches en sautoir d'argent la pointe en bas, enclavé dans une couronne d'épines de sinople appointée de gueules.*

Les Visitandines furent établies à Embrun sous Guillaume

d'Hugues en 1623, c'est-à-dire treize ans après l'institution de leur ordre. La ville leur donna le terrain nécessaire pour construire leur monastère. Il contenait vingt ou vingt-quatre religieuses et un pensionnat de jeunes filles y était joint. J'ai trouvé de ce couvent les deux sceaux suivants.

N° 33. MONASTEIRE D. LA VISITATION. AMBRVN. Cœur surmonté d'une croix, percé de deux flèches la pointe en bas, portant au centre le monogramme IHS et entouré d'une couronne d'épines.

Sceau ovale de trente millimètres en papier plaqué sur pâte rouge.

Appliqué à une lettre adressée par la supérieure du couvent de la Visitation d'Embrun au receveur du clergé de Gap pour le prier de lui accorder du temps pour solder les droits qui lui sont dus. 1720.

Archives du chapitre de Saint-Arnoul de Gap.

N° 34. Anépigraphe. Cœur surmonté d'une croix, percé de deux flèches la pointe en bas, portant au centre le monogramme IHS et entouré d'une couronne d'épines.

Sceau ovale de vingt-trois millimètres en papier plaqué sur pâte rouge (1).

Appliqué à une lettre missive adressée au receveur du clergé de Gap. 1773.

Archives du chapitre de Saint-Arnoul de Gap.

---

(1) Ce sceau n'est pas gravé à la place qu'il doit logiquement occuper, on le trouvera à la planche X.

DEUXIÈME PARTIE

SCEAUX CIVILS

I.

DAUPHINS DE VIENNOIS.

CHAPITRE I.

CONSIDERATIONS HISTORIQUES.

ARTICLE I. — ÉTABLISSEMENT DU POUVOIR DES DAUPHINS DANS LE DIOCÈSE D'EMBRUN.

Le diocèse d'Embrun se divisait en quatre parties distinctes : la première, le vicariat de Seyne et les quatre châteaux, fit toujours partie de la Provence ; la deuxième, la vallée de Barcelonnette, fit alternativement partie du Piémont et de la Provence ; la troisième, le Briançonnais, appartint au Dauphiné dès le commencement du moyen-âge ; la quatrième, l'Embrunais, compris dans la Provence jusqu'en 1202, fut annexé au Dauphiné à partir de cette époque.

L'origine du pouvoir des Dauphins dans la principauté du Briançonnais est inconnue : il est certain qu'ils y étaient depuis les temps les plus reculés, le x° siècle au moins, seigneurs souverains et supérieurs, tous les hommes nobles ou vilains leur appartenaient et ils avaient le droit absolu de lever des contributions et de requérir les hommes valides pour le service militaire.

Les Dauphins gardèrent jusqu'au moment où ils cédèrent la province à la France le domaine complet du Briançonnais ; ils n'avaient inféodé à des seigneurs particuliers qu'une faible partie de son territoire, la petite vallée de Névache, aux familles de Bardonnèche, Ambrois et Naveysse.

Ce domaine si complet a porté certains historiens à penser qu'à l'époque des invasions sarrasines les habitants du Briançonnais s'étaient donnés librement corps et biens au Dauphin pour acquérir sa protection contre les étrangers.

Le comté d'Embrunais fut conquis, nous l'avons dit, par le comte Guillaume de Forcalquier sur les Sarrasins en 992 et il fut donné en dot par le comte Guillaume VI à sa fille Béatrix de Claustral, qui épousa Guigues-André, dauphin, en 1202. Une seule fille étant issue de ce mariage, le Dauphin en demanda l'annulation pour cause de consanguinité, l'obtint du pape, et Béatrix se retira dans un couvent en faisant à son mari une donation de tous les biens qui constituaient sa dot. En 1214 le Dauphin, en mariant à Amaury de Montfort sa fille Béatrix, fille de Béatrix de Claustral, lui donna le comté d'Embrun en dot, enfin, en 1232, il le lui racheta moyennant une somme de cent mille sols tournois.

Le comte de Provence chercha bien à diverses reprises à faire valoir ses droits sur son ancien fief, en 1257 le Dauphin consentit même à lui prêter hommage pour le comté d'Embrunais, mais cet hommage fut déclaré nul par le pape, et les difficultés

qui s'en suivirent applanies probablement à prix d'argent.
Depuis cette époque l'Embrunais ne fut plus séparé du Dauphiné.

ARTICLE II. — DROITS EXERCÉS PAR LE DAUPHIN DANS LE DIOCÈSE D'EMBRUN.

Nous avons vu que le Dauphin avait exercé depuis le xe siècle
une autorité presque absolue sur la principauté du Briançonnais. Dès le xiie siècle cependant les communautés avaient
pris l'habitude de racheter certains droits féodaux à prix d'argent. Elles songèrent bientôt à racheter tous les droits moyennant une rente annuelle : il leur fut facile d'atteindre ce but :
en effet, le Dauphin étant le seul seigneur de tout le Briançonnais, il leur était plus aisé de s'entendre avec lui qu'avec plusieurs coseigneurs. Les communautés Briançonnaises, ayant
des intérêts communs, s'unirent par un pacte indissoluble et
défendirent avec chaleur leurs droits. En 1343, enfin, dix-sept
commissaires représentant quatorze communautés, obtinrent
du dauphin Humbert II une grande charte dont voici les dispositions principales :

Le Dauphin confirme d'abord les franchises et libertés
concédées aux Briançonnais par lui ou ses prédécesseurs ; il
renonce ensuite à percevoir aucune sorte d'impôt, à toutes les
redevances qu'il lève sur les propriétés foncières, il abandonne
tous les droits et services féodaux qu'il peut exiger ; il déclare
ensuite les habitants du Briançonnais libres et leur concède et
ratifie de larges franchises municipales, il les subroge enfin à
tous ses droits dans les choses cédées, moyennant une somme

13

de 12,000 florins d'or une fois payée et une rente annuelle qui fut réglée plus tard à 4,000 ducats.

Le service militaire fut fixé comme il suit : le bailly du Briançonnais avait le droit de requérir tous les hommes valides dans l'étendue du bailliage et sans les en faire sortir; si on sortait de ces limites les communautés étaient tenues de fournir cinq cents hommes seulement, bien armés d'armes offensives et défensives, et devaient leur donner une solde d'un gros tournois par jour. Cependant, si un plus grand nombre de soldats lui étaient nécessaires, le Dauphin pouvait les mander, mais en les payant lui-même.

Telles furent les dispositions principales de cet acte important dont l'obtention fut due en partie au besoin d'argent, en partie aux scrupules religieux d'Humbert II.

Dans l'Embrunais, au contraire, le Dauphin eut à lutter contre deux redoutables adversaires : les archevêques investis des droits régaliens depuis 1147 et les habitants fiers de leurs vieilles franchises. Nous avons vu comment il se rendit les premiers favorables en se reconnaissant, en 1210, leur vassal et en leur abandonnant la plupart des terres domaniales possédées jusque-là par le comte de Provence ; il ne se réservait que la moitié d'Embrun, de Chorges et certaines seigneuries peu considérables le long des rives de la Durance. A la même date le Dauphin chercha à s'attacher les Embrunais en signant une charte de confirmation de leurs libertés; il leur reconnut le droit d'élire des consuls, de s'assembler pour délibérer, de s'imposer librement, de percevoir certaines contributions et d'avoir une juridiction consulaire de police.

La perception des droits de justice et d'autres causes peu connues amenèrent en 1237 un soulèvement dans Embrun : les citoyens chassèrent et tuèrent quelques soldats du Dauphin. Une transaction intervint pourtant entre la dauphine Béatrix, régente, et la ville d'Embrun. Il y fut stipulé que le juge ou bailli delphinal aurait le droit de rechercher et de punir les délits et crimes à venir et que le Dauphin pourrait exiger annuellement une compagnie d'hommes d'armes composée de trois ou quatre chevaliers et cent soldats.

Il paraît que l'archevêque n'approuva point cette transaction, intervenue sans son aveu, ce qui occasionna contre lui un soulèvement auquel, du reste, le Dauphin ne fut pas mêlé.

Le Dauphin fut bientôt obligé de protéger l'archevêque, son suzerain, contre ses sujets : lors de la grande insurrection de 1257, contre Henri de Suze, le Dauphin garda d'abord la neutralité; il n'était probablement pas fâché de laisser ses deux rivaux se ruiner mutuellement; enfin, obligé d'intervenir sur l'injonction formelle de l'archevêque, il fit marcher ses troupes sur Embrun, s'en empara et aida de tout son pouvoir à détruire les libertés municipales de cette ville.

Il n'en devint pas plus puissant pour cela : l'archevêque était pour lui un adversaire trop redoutable. En 1257, Charles d'Anjou, ayant réveillé les vieilles prétentions de la Provence sur le comté d'Embrunais, le Dauphin consentit à lui rendre hommage, à lui en reconnaître le haut domaine, et reçut une compensation pécuniaire. Mais l'archevêque se déclara lésé par ce traité et adressa une plainte au pape (1259) : elle fut suivie d'un bref par lequel le pape déclarait le Dauphin obligé de s'en tenir scrupuleusement aux clauses du traité de 1210, et ajoutait que, puisqu'il avait été assez oublieux de ses devoirs pour prêter à un autre seigneur l'hommage qu'il devait au seul archevêque, et avait causé ainsi à l'Église un grave préjudice,

il le privait de son fief dont l'archevêque pourrait investir qui
bon lui semblerait. Si le Dauphin consentait, au contraire, à
être relevé de l'hommage imprudent prêté par lui au comte
de Provence et promettait de respecter mieux à l'avenir les
priviléges de l'Église, son fief lui serait rendu (1262). Il fallut
bien faire ce que voulait le pape.

Le Dauphin sut cependant à l'occasion faire respecter ses
droits : ainsi, en 1319, l'archevêque Raymond voulut se faire
donner des reconnaissances en son nom seul par les habitants
de Chorges, dont il était seigneur parier avec le Dauphin, mais
Guillaume Artaud, seigneur de Beauchêne, bailli delphinal de
l'Embrunais, protesta avec énergie et l'obligea à y renoncer.

Une transaction très importante fut passée entre ce même
Raymond et Henri-Dauphin, évêque de Metz et tuteur de son
neveu Guigues VIII (1321). Après avoir fait hommage à l'archevêque au nom de son pupille, Henri renonce au droit de
transférer la seigneurie d'Embrunais ou d'y associer qui que
ce soit ; l'archevêque prend le même engagement. Le palais
que le Dauphin a fait élever à Embrun deviendra commun
ainsi que la prison, ils ne pourront être augmentés ou armés,
les réparations seront faites à frais communs, un gardien choisi
et payé par la cour commune y sera placé et il jurera de n'en
remettre les clefs à personne au détriment de l'un des deux
seigneurs ; le palais pourra cependant, si le Dauphin le veut,
être rasé jusqu'au sol. Aucun juge particulier de l'un des deux
seigneurs ne pourra être installé à Embrun, Chorges et leur
territoire, les juges communs seuls y seront chargés de la
justice séculière ; la juridiction ecclésiastique appartient au
seul archevêque.

Cette transaction fut modifiée en 1331 par Guigues VIII et

Bertrand de Deaux. Le Dauphin reconnut tenir en fief de l'archevêque toutes ses possessions de l'Embrunais ; il s'interdit le droit d'aliéner tout ou partie de son fief, d'y associer personne ou de le donner en garde sans l'approbation de son suzerain. Si l'un des deux seigneurs achète quoi que ce soit dans les terres communes d'Embrun ou Chorges, l'autre pourra en acquérir la moitié en versant la moitié du prix. Le palais d'Embrun appartiendra désormais uniquement au Dauphin ; par compensation l'archevêque aura le droit de pulvérage dans la plaine de Réotier et les agneaux pascaux de Châteauroux. Si des juges ou gardiens sont établis hors d'Embrun ou Chorges dans les terres purement épiscopales ou delphinales par l'un des deux seigneurs, l'autre aura le droit de créer et établir dans ses propres terres un nombre égal d'officiers. Si les officiers ainsi créés sont assez osés pour faire quelque procédure sur le territoire ressortissant de la cour commune, ils devront être punis par elle comme ils le méritent.

Ainsi les Dauphins avaient la moitié de la juridiction de Chorges et Embrun, la haute et basse justice dans un très petit nombre de terres, telles que Montgardin, Espinasse et Rousset, et en outre un certain nombre d'hommes delphinaux disséminés dans toute l'étendue de l'Embrunais.

Ils avaient en outre droit au service militaire. Nous avons vu qu'Embrun lui devait quatre chevaliers et cent fantassins, les coseigneurs de Savines lui en devaient cinq. En 1326 une transaction intervint entre le Dauphin et les communautés de Montgardin, Rousset et Espinasse représentées par Rostaing de Montorcier, Pierre Chauvet et Raymond Colomb. Il fut décidé qu'à l'avenir ces trois communautés fourniraient chaque année au Dauphin cinquante hommes bien armés, y compris un porte-drapeau et un trompette : le capitaine, s'il était noble, recevrait une solde du Dauphin, les communautés paieraient les simples soldats. Mais si le Dauphin avait une guerre au-delà du Lautaret, de Chauvet, des montagnes de Lombardie, de la Provence ou du comtat Venaissin, c'est-à-dire hors des évêchés de Gap et d'Embrun, les communautés devraient lui fournir cent hommes.

Pour toutes ses possessions dans l'Embrunais le Dauphin devait hommage à l'archevêque, et voici en quels termes Humbert II le prêta avant de partir pour la croisade en 1334.

« Humbertus Dalphinus Viennensis recognoscit se tenere in
« feudum a domino Bertrando archiepiscopo Ebredunensi et
« ab ecclesia sua Ebredunensi, comitatum Ebredunensem et
« omnia que tenet in dicto comitatu et apud Ebredunum et
« Caturicas et specialiter palatium per predecessores ipsius
« domini Dalphini juxta et extra muros Ebreduni versus orien-
« tem edificatum et quidquid tenet in tota diocesi Ebredunensi
« a Pertuso Rostagni inferius usque ad finem dicte diocesis
« videlicet in castris et locis Valserris, de Sancto-Stephano, de
« Avansono, de Montegardino, de Teussio, de Spinaciis, de
« Rossoeto, de Romolono, de Caturicis, de Sancto-Dionisio, de
« Culca, des Sabina, de Realono, de Reortorio, de Pallone, de
« Rama, de Fraxeneria, de Argenteria, de Orreis, de Baraterio,
« de Crotis et de Bastida. Actum Avinione in sacristia Fratrum
« Sancti-Augustini prope Capitulum » (1).

La charte de Frédéric Ier, empereur, qui concède à Guigues V, en 1155, le droit de frapper monnaie, lui indique le lieu où il devra établir son atelier monétaire : c'est Sezanne, au pied du

(1) Valbonnais, vol. II, p. 264.

mont Genèvre, et joint à cette concession le don d'une mine d'argent située à Rame en l'Argentière, sur les limites du Briançonnais et de l'Embrunais.

ARTICLE III. — JURIDICTIONS DES DAUPHINS DANS LE DIOCÈSE D'EMBRUN.

Dans le Briançonnais la juridiction administrative du Dauphin se composait d'un bailli chargé de réunir les contingents, d'en prendre le commandement, de centraliser les revenus, de veiller à l'entretien des propriétés et immeubles delphinaux.

Sous ses ordres immédiats des châtelains établis au Monestier, à Saint-Martin de Queyrières, à Château-Queyras, etc., étaient chargés de percevoir les impôts, de faire la police et de transmettre ses commandements.

Le pouvoir judiciaire, dans le Briançonnais, se composait d'un juge siégeant à Briançon et dont les jugements, lorsqu'ils étaient frappés d'appel, étaient portés au *Juge des appellations de tout le Dauphiné*, jusqu'au moment où ce juge fut remplacé par le conseil delphinal (1337).

Au-dessous du juge du Briançonnais les châtelains avaient une juridiction de police et pouvaient même prononcer en première instance jusqu'à une somme de 60 sols. Ils étaient chargés de la poursuite des criminels et de l'instruction des crimes ou délits.

Dans l'Embrunais le Dauphin avait établi à Embrun, dès

1202, un *Juge de la cour comtale*, pour rendre la justice à ses terres de Montgardin, Rousset, Espinasse, etc., et aux hommes delphinaux (1). En 1247 l'acte qui organisa la cour commune, dont nous allons parler tout à l'heure, stipula qu'à l'avenir l'archevêque ni le Dauphin ne pourraient avoir à Embrun même de juge pour leurs seigneuries particulières. L'archevêque installa à Guillestre son juge archiépiscopal, mais le Dauphin, n'ayant dans tout l'Embrunais la propriété d'aucune agglomération assez importante pour qu'on y pût installer un tribunal, transporta le sien à Saint-Bonnet en Champsaur, et créa ainsi la *Cour de l'Embrunais et du Champsaur.*

Cependant il paraîtrait, d'après un sceau qui sera décrit plus loin, que vers la fin du règne de Humbert II, l'archevêque s'était un peu relâché de sa rigueur et avait permis au Dauphin de rétablir son juge à Embrun même ou tout au moins dans l'Embrunais.

Pour Embrun et Chorges, dont l'archevêque et le Dauphin étaient coseigneurs, on organisa, en 1247, la *Cour commune* dont nous avons déjà parlé : le juge de la cour commune était nommé par les deux coseigneurs, il rendait la justice au nom de tous deux et partageait les émoluments de la cour entre chacun. Ce système demeura en vigueur jusqu'à Louis XI, où l'on créa deux tribunaux distincts, l'un delphinal, l'autre archiépiscopal, qui siégèrent chacun une année alternativement (2).

---

(1) On appelait ainsi les hommes qui appartenaient au Dauphin quoique établis dans une terre possédée par un autre seigneur. Il en existait dans l'Embrunais à Guillestre et Prunières.

(2) Voir, en ce qui concerne la cour commune, ci-dessus, p. 100.

Le Dauphin avait également dans l'Embrunais un bailli, ayant des attributions purement administratives : centralisant les revenus, rassemblant les contingents et ayant sous ses ordres des châtelains qui remplissaient à la fois le rôle de juges de paix, de commissaires de police et de collecteurs d'impôt.

14

CHAPITRE II.

DESCRIPTION DES SCEAUX DES DAUPHINS.

Jean, fils de la dauphine Anne et de Humbert Ier, fut créé à sa naissance comte de Gapençais et d'Embrunais ; il porta ces deux titres jusqu'à la mort de son père, arrivée en 1307. Valbonnais nous a conservé un sceau dans lequel ce prince prend le titre de comte de Gapençais. Je l'ai publié dans mon premier volume (1). Il n'en existe aucun à ma connaissance sur lequel ce prince ait pris le titre de comte de l'Embrunais.

Humbert II, sur son grand sceau, que j'ai également publié et fait graver dans ma *Sigillographie du diocèse de Gap,* prend les titres de comte d'Embrunais et prince de Briançonnais. Je crois utile d'en donner de nouveau la description.

N° 35. s. ꜱᴜᴍʙᴛɪ. ᴅᴀᴜᴘʜ'ɪ. ᴜɪᴇɴ... ᴇɴᴄɪᴘɪꜱ ꝫ ꜱᴀɪᴀꜱᴏ... ᴄᴛᴀᴏ ᴄᴇꜱᴀᴏᴀ ꝫ ᴜɪᴇ... ᴄᴏꜱ. Le Dauphin, coiffé d'un casque à grillage cimé d'un dauphin et entouré d'un voile, tenant de la

----

(1) *Sigillographie du diocèse de Gap,* p. 125.

main droite une épée rattachée à sa ceinture par une chaîne,
de la gauche un écu chargé d'un dauphin tourné à gauche et
pointu par le bas, vêtu d'une longue cotte d'armes, sur un cheval
galopant à droite, couvert d'une housse ornée sur la croupe et
le col de deux dauphins tournés à droite; un troisième dauphin
surmonte la tête du cheval; le champ est orné d'un treillissé
semé d'étoiles.

℟. ꜱꜱꜰ ⁙ ꜱꜱꜰꜱꜰꜱꜰ ⁙ ꜱꜰꜱꜱꜱꜰꜱꜱ ⁙ ꜱꜱꜱꜱꜰꜱ ⁙ ꜰꜱ ⁙
ꜱꜰꜱꜰꜱꜰ ⁙ ꜱꜰꜱꜱ ⁙ ꜱꜱꜱ ⁙ ꜱꜱꜱꜰꜱ... ꜱꜰꜱ. ꜱꜱꜱꜱꜱ. ꜱꜰꜱꜱꜱꜱ.
ꜱꜱꜰꜱꜱ ⁙ ꜱꜰꜱꜱꜱꜱ (dans le champ) ꜰꜱꜱꜱꜱꜱ Enceinte crénelée,
percée au milieu d'une porte à plein cintre munie d'une herse,
défendue par deux tours rondes, sur les côtés deux autres tours
carrées et une ronde; à gauche un pont à trois arches, à droite
une petite porte; dans l'enceinte six monuments d'architecture
religieuse percés de fenêtres ogivales et dont trois sont surmon-
tés de clochers. A l'exergue, écu pointu chargé d'un dauphin
tourné à gauche accompagné de deux dragons, dans une voûte
à plein cintre surbaissée sur laquelle on lit : ꜱꜰꜱ-ꜱꜱꜰ.

Sceau orbiculaire de quatre-vingt-quinze millimètres en cire
vermeille, suspendu par des lacs de soie rouge et verte.

Appendu à un acte relatif à la donation par Humbert II du
Dauphiné au roi de France. 1342.

Archives nationales.

On trouvera dans mon premier volume (1) une restitution
de la légende de ce sceau et quelques réflexions qui m'ont été
inspirées par son examen.

(1) *Sigillographie du diocèse de Gap*, p. 127.

ARTICLE II. — SCEAUX DES JURIDICTIONS DELPHINALES.

COUR COMTALE D'EMBRUN,

Cette cour, établie par le dauphin Guigues-André probablement l'année même où il acquit l'Embrunais (1202), dut
remplacer une cour semblable appartenant au comte de Forcalquier. Aucun document ne nous révèle sa composition et ses
attributions. Elle fut supprimée en 1247 et remplacée par la
cour commune. Nous avons trouvé de cette cour le beau sceau
suivant :

N° 36. ✠ : ꙅ : ꞇꞷꙗꞇꞓ ¦ ꞓꝺꙮꝛꞇꙗꝺ : ꞓ꙱ꙗꞓꝺꞇꝺꞓꝺꙅꞇꙅ :
Dauphin de forme archaïque tourné à gauche.

℞. ✠ : ꞓꞇ : ꞇꞌꞓꝺꝺꞓ : ꝛ꙳ꝺ꙳꙳ꞓꞮꞮ. Château à trois tours ;
celle du milieu, plus haute, est surmontée de quatre créneaux et
percée de deux fenêtres géminées au-dessous desquelles est une
demi-rosace ; celles des côtés, surmontées de trois créneaux,
sont percées d'une seule fenêtre.

L'avers de ce sceau, de cire brune, est en forme d'écu triangulaire arrondi par le bas et de quarante-huit millimètres ; le
revers, ou plutôt le contre-sceau, de forme orbiculaire, a trente-
quatre millimètres ; il est suspendu par des cordons de fil jaune,
blanc et rouge.

Appendu à une sentence de la cour comtale d'Embrun condamnant les nobles de cette ville à payer les tailles pour les
fonds qu'ils possèdent dans son territoire.

Cum munimine sigilli curie comitalis Ebredunensis. 1237.

Archives municipales d'Embrun.

Il existe aux mêmes archives deux autres exemplaires de ce beau sceau des années 1237 et 1239. Il a ceci de remarquable qu'il est un des plus anciens monuments existants sur lequel on voit le dauphin, devenu depuis l'emblème delphinal par excellence. Le plus ancien sceau au dauphin connu par Valbonnais était un petit sceau de Guigues VII de l'année 1259 ; cependant Guy-Allard en cite un de 1244 et j'en connais un autre de ce même prince, encore sous la tutelle de sa mère Béatrix (1237), sur lequel il est représenté à cheval, tenant un écu chargé d'un dauphin.

Je n'en connais pas d'antérieur à ce dernier.

C'est un fait reconnu maintenant que le dauphin est un emblème relativement récent, il n'a pas été adopté avant le second tiers du xiii° siècle ; antérieurement les Dauphins avaient pour seules armoiries un château à trois tours. On le retrouve sur les sceaux de Hugues de Bourgogne (1184-1192), de Guigues-André (1192-1237) et de Béatrix, sa femme (1237-1248); c'est également ce château qui se voit dans le contre-sceau que je viens de décrire.

La légende de ce contre-sceau est assez difficile à interpréter, on y lit : ET. VIENNE PALACV (probablement pour PALACII) ; je crois l'interpréter par *et palacii dalphini Vienne,* c'est-à-dire : *Sceau de la cour comtale d'Embrunais et du palais du Dauphin de Viennois.* Ce palais est probablement celui qui, construit par les Dauphins à l'orient d'Embrun et près de ses murailles, fait l'objet de plusieurs articles dans les transactions que nous avons analysées plus haut (1).

(1) V. plus haut, p. 100 et 101.

COUR DE L'EMBRUNAIS ET DU CHAMPSAUR.

L'accord de 1247, qui créa la cour commune, interdit à l'archevêque et au Dauphin d'établir à Embrun et à Chorges aucun tribunal particulier. Le Dauphin ne possédant en Embrunais aucun bourg assez important pour en faire le siége de la juridiction de ses fiefs particuliers, unit judiciairement l'Embrunais au Champsaur, situé dans le diocèse de Gap, et établit probablement à Saint-Bonnet, chef-lieu du Champsaur, le siége de la judicature de ses deux seigneuries. J'ai déjà publié le sceau suivant dans la *Sigillographie du diocèse de Gap.*

No 37. ✠ ꙅ. ✕. ꙳꙳꙳ ꙳ ꙳꙳꙳ ✕ ꙳꙳ ✕ ꙳꙳꙳. Dauphin dans une bordure engrêlée, tourné à gauche, cantonné de deux tours avec leur avant-mur, sur sa tête une étoile, devant lui un besant. Derrière le sceau l'empreinte d'un doigt.

Sceau orbiculaire de trente millimètres en cire rouge, suspendu par une simple queue de parchemin.

Appendu à une reconnaissance par Guigues Borelli, juge delphinal d'Embrun, des droits du chapitre de Saint-Arnoul de Gap sur la terre de Saint-Laurent en Champsaur. 1335.

Archives du chapitre de Saint-Arnoul de Gap.

Les deux tours avec leur avant-mur que l'on voit sur ce sceau, d'un dessin si fin et si correct, sont les armoiries particulières des Dauphins de la troisième race, qui commence à Humbert Ier, baron de la Tour-du-Pin (1281). La tour et l'avant-mur remplacèrent le château à trois tours, armoiries des Dauphins des deux premières races.

COUR DELPHINALE D'EMBRUN.

Après l'année 1335, date du sceau précédent, le Dauphin établit de nouveau deux tribunaux distincts, l'un pour le Champsaur, l'autre pour l'Embrunais, ainsi que le prouve le sceau que nous allons décrire. Je ne sais si la cour de l'Embrunais fut installée à Embrun même ou dans un village voisin.

N° 38. ✠ ..... ca.. xᴇ ⦂ ᴅᴀᴜ ⦂ ᴇᴮᴿᴀᴄᴅᴜɴx. Écu chargé d'un dauphin tourné à gauche, surmonté et accosté de feuillages.

Sceau orbiculaire de vingt-trois millimètres en cire rouge plaquée sur l'acte lui-même.

Appliqué à un jugement de la cour delphinale d'Embrun, frappé d'un appel au conseil delphinal. 1346.

Archives de l'Isère.

La légende incomplète de ce sceau doit se lire : *Sigillum* ᴄᴠʀɪᴇ ᴅᴀʟ*phinalis* ᴇʙʀᴇᴅᴠɴɪ. Cette manière de plaquer les sceaux sur l'acte lui-même fut assez répandue en Dauphiné ; un grand nombre des lettres des gouverneurs et presque tous les jugements rendus par le conseil delphinal dans le xɪvᵉ siècle sont scellés d'après cette méthode.

COUR COMMUNE D'EMBRUN.

La cour commune, nous l'avons déjà répété plusieurs fois, fut créée en 1247 et supprimée, ou du moins organisée sur de nouvelles bases, sous Louis XI. Elle scella avec des bulles de plomb jusqu'au xv⁰ siècle, imitant en cela, du reste, la cour archiépiscopale, dont nous avons décrit une bulle dans ce volume.

N⁰ 39. ✠ ꜰᴀᴄʜɪᴇᴘɪꜱᴄᴏᴘᴜꜱ. ꜱᴇᴀꜱᴄᴏᴜᴘᴇᴜꜱɪꜱ. Tête de l'archevêque de profil tournée à gauche, coiffée de la mitre ornée dont les fanons pendent par derrière.

℞. ✠ ᴄᴏᴀᴇꜱ. ꜱᴇᴀꜱᴄᴏᴜᴘᴇᴜꜱɪꜱ ⁝ Tête du Dauphin de profil tournée à gauche, coiffée d'un chaperon surmonté d'une couronne à trois perles.

Bulle de plomb orbiculaire de quarante millimètres suspendue par des cordons de fil tricolore.

Trois exemplaires connus, tous trois détachés de leur titre, chez MM. Allier à Paris, de Bellegarde à Embrun, et au cabinet des médailles de la ville de Marseille.

L'imperfection des figures et la longueur des légendes, exemptes d'abréviations, me font considérer cette bulle comme la plus ancienne. On a dû en faire usage de 1247 à 1280 environ.

N⁰ 40. ✠ ꜰᴀᴄʜɪᴇᴘꜱ ⁝ ꜱᴇᴀꜱᴄᴏᴜᴜ. Tête de l'archevêque de profil tournée à droite, coiffée de la mître dont les fanons pendent par derrière.

℞. ⊛ ᴄᴏᴀᴇꜱ ⁝ ꜱᴇᴀꜱᴄᴏᴜᴘᴇꜱɪɪ. Tête du Dauphin tournée à droite de profil, coiffée d'une couronne à trois perles.

Bulle de plomb orbiculaire de trente-six millimètres suspendue par des cordons de fil tricolore.

Appendue à une sentence arbitrale rendue à propos d'une

contestation entre l'hôpital du Saint-Esprit et ses fermiers. *Cum appensione bulle curie communis Ebredunensis*. 1307.

Archives municipales d'Embrun.

Il existe aux mêmes archives dix exemplaires de cette bulle des années 1287 (deux), 1297 (quatre), 1301, 1303, 1308, 1314. J'en connais encore trois détachées de leur titre dans le cabinet des médailles de Marseille, chez M. Allier à Paris et dans ma collection.

Cette seconde bulle a servi à la cour commune depuis l'année 1280 jusqu'à 1320 environ.

N° 41. ✚ ꜰꜰ꜏꜀ꜰ꜀ꜰ : ꜀ꜵꜰ꜀ꜱꜱꜰ. Tête de l'archevêque tournée à gauche, coiffée de la mitre dont les fanons pendent par derrière.

℞. ꜵꜵ ꜀ꜱꜰꜱ : ꜀ꜵꜰ꜀ꜱꜱꜰꜱꜰ. Tête du Dauphin de profil tournée à droite, coiffée d'une couronne à trois perles.

Bulle de plomb orbiculaire de trente-sept millimètres, suspendue par des cordons de fil jaune et rouge.

Appendue à l'appel d'une sentence de la cour commune interjeté par Pierre Gauthier, citoyen d'Embrun. *Quod bullandum tradidi bulla plumbea communis curie Ebredunesii*. 1402.

Archives municipales d'Embrun.

Il existe aux mêmes archives deux bulles semblables des années 1330 et 1343.

C'est probablement en parlant de cette dernière bulle que Chorier a écrit à propos d'un hommage rendu en 1320 par les habitants de Chorges à Raymond, archevêque d'Embrun : « Raymond « est celui des archevêques d'Embrun qui s'attribua le premier la

15

« qualité de comte d'Ambrunois... Une bulle de plomb est atta-
« chée à cet acte et non un simple sceau. En une des faces est
« représenté l'archevêque couronné d'une mitre dont les cornes
« sont fort séparées l'une de l'autre; autour est cette inscription :
« R. archiepiscopus Ebreduni ; dans l'autre est la teste d'une
« femme ceinte d'un diadème avec ces mots : Comes Ebredu-
« nesii. Cette teste est l'Église d'Ambrun et le diadème signifie
« la prétention à la souveraineté du comté d'Ambrunois » (1).
Il est impossible de commettre plus d'erreurs, faute d'avoir lu
la formule de scellement de l'acte : s'il l'avait fait il n'aurait
point pris une ✚ légèrement inclinée pour un R, la tête du
Dauphin pour le buste symbolique de la ville d'Embrun, et
n'aurait pas attribué aux archevêques le titre de comte d'Embrun auquel ils n'aspirèrent jamais.

Ces trois bulles sont remarquables d'abord à cause de leur
disposition, puisqu'un côté est réservé à l'archevêque et un
autre au Dauphin ; elles sont en outre curieuses en ce qu'elles
nous donnent les portraits des Dauphins et des archevêques
d'une dimension inusitée et inconnue jusqu'à ce jour sur les
monnaies ou les sceaux.

COUR COMMUNE DE CHORGES.

Cette cour fut organisée en 1247 comme celle d'Embrun. Son
existence n'est constatée dans aucune transaction, toutes sem-
blent indiquer au contraire que les cours communes d'Embrun

---

(1) Chorier. *Histoire du Dauphiné*, t. II, p. 238.

et de Chorges étaient réunies. Peut-être son existence fut-elle transitoire.

No 42. ✠ ᴂᴜᴍᴍᴀ ⁚ ᴄᴏᴂᴜᴍᴋᴤ. Buste de l'archevêque de face, coiffé de la mitre ornée de deux quintefeuilles, et dont les fanons s'étalent dans le champ à droite; à gauche dans le champ une petite crosse dont le croçon très orné est tourné à gauche.

✠ ⁚ ᴄᴜᴀᴋᴇ ⁚ ᴄᴤᴂᴜ... ᴜ. Dauphin tourné à gauche.
Bulle de plomb orbiculaire de trente millimètres, suspendue par des cordons de fil tricolore.

Appendue à un traité entre les consuls d'Embrun et l'archevêque au sujet de voies de fait commises contre ce dernier. *Cum appentione bulle curie communis Caturicarum.* 1333.

Archives municipales d'Embrun.

La légende incomplète doit se lire : *Bulla communis curie Caturicarum.* C'est une disposition semblable à celle des trois bulles précédentes, seulement ici la tête du Dauphin est remplacée par ses armoiries et la légende indique d'une façon plus claire la destination de la bulle.

COUR COMMUNE D'EMBRUN ET CHORGES.

Les deux cours communes précédentes furent réunies vers le milieu du xve siècle. Les bulles disparurent alors pour faire place à un sceau de cire.

Nº 43. **s ◦ qtrac ◦ curie ◦ cois ◦ ebreduni ◦ z ◦ cathu-ricarum.** Bustes affrontés du Dauphin tourné à droite et de l'archevêque tourné à gauche et coiffé de la mitre dont les fanons pendent par derrière ; entre eux la croix archiépiscopale et dans le champ neuf étoiles.

Sceau orbiculaire de trente-cinq millimètres en cire verte recouverte de papier, suspendu par une double queue de parchemin.

Appendu à une procuration passée par les consuls d'Embrun et terres communales pour servir à un procès soutenu contre un secrétaire du parlement de Dauphiné. 1444.

Archives municipales d'Embrun.

Aux mêmes archives il existe un second exemplaire de ce sceau non recouvert de papier de l'année 1447.

Peu de temps après Louis XI modifiait la cour commune et la divisait en deux tribunaux distincts, l'un delphinal, l'autre archiépiscopal ; les sceaux communs disparurent alors.

COUR DU BRIANÇONNAIS.

Je n'ai retrouvé aucun des sceaux de cette cour sous la domination des Dauphins des trois premières races. Le sceau suivant appartient déjà à l'époque où le Dauphiné fut cédé à la France, mais il est antérieur à la modification apportée par Louis XI aux bailliages dauphinois en 1447.

Nº 44. .. **xo** ... **dan... e ; brianczon**... Écu terminé en

pointe écartelé de France et Dauphiné, contenu dans une étoile
à six angles dont chacun est cantonné d'une tiercefeuille; l'écu
est accosté de deux dragons accroupis de la gueule desquels
sortent des rinceaux et surmonté d'un trait au-dessus duquel
est un besant.

Sceau orbiculaire de quarante-deux millimètres environ,
suspendu par une simple queue de parchemin.

Appendu à une autorisation donnée par le juge majeur de
Briançon aux consuls de cette ville, de lever une imposition
sur les hotes et taverniers. 1371.

Archives des Hautes-Alpes.

La légende mutilée doit se lire : SIGILLUM. DALphinalis. CURIE
BRIANCSONesii.

Ce sceau servit pendant environ un siècle et demi au scellement des actes émanant du bailliage du Briançonnais ; en effet,
il en existe un second exemplaire aux archives des Hautes-
Alpes appendu à une charte de 1497 (1).

_____

(1) J'ai trouvé trop tard ce sceau pour le faire graver à la place qu'il devrait réguliere-
ment occuper ; on le trouvera à la planche XIV.

SCEAUX DES SEIGNEURS.

CHAPITRE I.

COUP D'ŒIL SUR LES SCEAUX SEIGNEURIAUX.

Après la conquête de l'Embrunais et du Briançonnais sur les Sarrasins, le comte de Provence et le Dauphin distribuèrent un certain nombre de terres aux chefs militaires qui s'étaient associés à leur expédition. Ce fut alors que naquit la féodalité ; mais, comme nous l'avons dit plus haut, elle ne jeta pas dans le diocèse d'Embrun de bien profondes racines. Les archevêques d'Embrun, aussi bien que les Dauphins, s'efforcèrent, en effet, constamment de restreindre le nombre des fiefs existant dans l'Embrunais et le Briançonnais et d'en empêcher la création de nouveaux.

Lorsque Henri, archevêque de Metz et régent du Dauphiné, prêta hommage à Raymond de Mevouillon, archevêque (1321), on eut soin d'insérer dans cet acte la clause que le Dauphin ne pourrait jamais transférer à qui que ce fût les terres pour lesquelles il venait de se déclarer vassal de l'archevêque, il lui fut même interdit d'associer personne à ses droits. L'archevêque consentit à ce que cette clause fût réciproque et promit de s'y conformer.

Dix ans après (1331), Guigues, dauphin, en rendant hommage à Bertrand de Deaux, archevêque, promit encore de n'aliéner aucune terre dans l'Embrunais, de n'en point donner en garde et enfin de n'associer personne à ses droits sans le consentement de l'archevêque.

Le résultat de cette politique fut que la plupart des arrière-fiefs de l'Embrunais disparurent dans le cours des XIIIe et XIVe siècles ; à part l'Argentière, Rame, Savines et les Crottes, terres qui furent parfois divisées entre une multitude de coseigneurs, presque tout le pays relevait directement de l'archevêque ou du Dauphin.

Dans le Briançonnais les Dauphins rachetèrent, dans les premières années du XIVe siècle, la plupart des droits appartenant à des seigneurs particuliers, et on n'y compta, à partir de cette époque, qu'un seul fief de quelque importance, celui de Névache et Bardonnèche, appartenant en pairie aux familles de Bardonnèche, des Ambrois et de Navaysse.

Ces circonstances toutes spéciales expliquent le petit nombre de sceaux seigneuriaux que nous avons pu découvrir. Ils sont tous en cire, de forme orbiculaire, et, sauf celui de Hugues Sacriste, qui n'est point inédit, ils offrent un intérêt médiocre.

CHAPITRE II.

DESCRIPTION DES SCEAUX SEIGNEURIAUX.

LES CROTTES.

Le fief des Crottes appartint d'abord à la famille d'Embrun, puis, au xv⁰ siècle, à celle de Chabassol, au xvi⁰, à celle de Rame, et enfin, au xvii⁰, à celle de Ravel. Les seigneurs des Crottes eurent de nombreux démêlés avec les abbés de Boscodon, leurs voisins.

SCEAU.

BONIFACE D'EMBRUN.

Nᵒ 45. ✠ s . ꝰoꞑꞑꞇꞃꞁꞇ . ꝏxꞇꞃꞇꞃꞁ . ꝏꞅꞅꝏꞇꞇꞁꞇ (*sic*). Oiseau de proie tourné à droite.

Matrice de sceau orbiculaire en bronze de trente-trois milli-mètres de diamètre.

Appartient à M. de Bellegarde, à Embrun.

16

Boniface d'Embrun, seigneur des Crottes, est connu dans l'histoire pour ses démêlés avec le chapitre d'Embrun. En effet, nous lisons dans le procès-verbal d'une assemblée capitulaire tenue en 1295, et cité par Valbonnais, la mention suivante :

« Preterea fuit propositum in eodem capitulo de injuria quam
« faciebat Bonifacius de Ebreduno, domicellus, capitulo, in
« facto de Podio, super eo quod omnes Mossotos de Podio
« dicebat esse homines suos, capitulo in contrarium asse-
« rente » (1). On ignore quelle fut la conclusion de ces démêlés.

La famille d'Embrun portait : *d'azur à la croix d'or,* ce ne sont donc pas les armoiries de Boniface que nous voyons sur le sceau précédent, mais un symbole qu'il préférait et qui probablement indiquait son goût pour la chasse au faucon.

EMBRUN.

HUGUES SACRISTE.

Hugues Sacriste, dont nous allons décrire le sceau, est qualifié, dans l'acte où il paraît comme témoin, de *miles Ebredunensis.* C'est la seule raison qui nous ait engagé à insérer ce sceau dans notre recueil; en effet, la famille Sacriste ou Sacristain était essentiellement provençale.

Raymond, probablement père de Hugues, signe en 1125 le partage entre les comtes de Toulouse et de Provence des terres

(1) Valbonnais, t. II, page 75.

provenant de l'héritage de leur père. Hugues, dont il est question dans cet article, prit, en 1150, le parti de la comtesse de Beaux contre le comte de Provence. Il avait probablement quelque seigneurie à Embrun ou en était gouverneur pour le comte de Provence.

Les armoiries de la famille Sacriste ne sont pas connues.

SCEAU.

Nº 46. ✠ sxoxxxxxxx . uoonxs..... Guerrier sur un cheval au pas à gauche, revêtu de la cote de mailles, coiffé d'un casque conique, portant un bouclier triangulaire suspendu à son cou par une courroie, tenant d'une main l'épée haute dont le fourreau pend à son côté et de l'autre la bride de son cheval.

℟. . .sxoxxxxxxx . uoonxs... axsꝛ. Trois blaireaux tournés à gauche et superposés.

Sceau orbiculaire en cire jaune de soixante-sept millimètres de diamètre, suspendu par des attaches de peau.

Appendu à la confirmation en faveur de la maison hospitalière de Saint-Thomas-de-Trinquetaille, d'une condamine acquise par elle. 1190.

Archives de Marseille.

PONTIS.

Le fief de Pontis, situé sur la limite de la Provence et du Dauphiné, appartint à la famille de ce nom depuis le xɪɪᵉ siècle.

On a, sous le nom de Louis de Pontis, des mémoires intéressants sur les règnes de Henri IV et de Louis XIII.

Les Pontis portaient : *d'azur au pont à trois arches d'or maçonné de sable, accompagné en chef de trois roses d'argent.* Plus anciennement, comme le prouve le sceau suivant, ils portaient simplement un pont à trois arches.

SCEAU.

GUILLAUME.

N° 47. ✠ sxox..... xsxo. On ne voit qu'une arche et la partie supérieure d'un pont, le reste est détruit.

Fragment de sceau orbiculaire en cire verte, suspendu par des cordons de fil tricolore.

Appendu à la donation par Guillaume de Pontis à la Chartreuse de Durbon des droits de pâturage et autres qu'il possède sur le territoire de la Cluse et les environs. 1234.

Archives des Hautes-Alpes.

La légende mutilée de ce fragment de sceau doit se compléter probablement de la manière suivante : sigi*llum Guillelmi de Pont*isio.

RAME.

La famille de Rame portait : *d'argent au lion de sable onglé, lampassé et viléné de gueules*, et était une des plus anciennes de l'Embrunais. Elle avait pris le nom du bourg de Rame, antique station romaine, détruite au xive siècle par les inondations de la Durance et possédait les seigneuries de Freyssinières Pallon, le Poët et les Crottes. La famille de Rame a produit plusieurs hommes de guerre célèbres dans les annales de la province.

SCEAUX.

AINARD.

Nº 48. ✠ S' AINARDI D' RAMA. Lion à queue fourchue tourné à gauche.

Sceau orbiculaire en cire jaune de vingt-trois millimètres de diamètre, suspendu par des cordons de fil rouge.

Appendu à la donation du Dauphiné par la dauphine Anne à son fils Jean. 1292.

Archives nationales.

PIERRE.

Nº 49. ✠ S PETRA. R..... OCA. Écu pointu chargé d'un lion à gauche dans un encadrement composé de quatre arcs de cercle et de quatre angles alternés.

Sceau orbiculaire en cire verte recouverte de papier de dix-sept millimètres de diamètre, suspendu par une simple queue de parchemin.

Appendu à un échange entre Pierre de Rame et Pierre de la Vilette de terres situées à Veynes. 1466.

Archives des Hautes-Alpes.

On doit peut-être compléter cette légende effacée de la manière suivante : s. PETR. A *Rama* ArmiGER.

III.

SCEAUX DES COMMUNAUTÉS.

CHAPITRE I.

CONSIDÉRATIONS HISTORIQUES.

La ville d'Embrun fut fondée vers le xe siècle avant l'ère chrétienne par les Insubriens, chassés des plaines d'Italie par les Rasènes ou Étrusques. Les Insubriens, qui se donnaient à eux-mêmes le nom d'*Ambra,* ou plus correctement d'*Amhra* (les nobles), la nommèrent : *Montagne des nobles* (*Amhra,* vaillants, nobles; *dun,* hauteur, dont les latins ont fait *Eburodunum*).

Embrun est nommé *Eburodunum* dans l'itinéraire d'Antonin, *Eburunnum* dans la carte Théodosienne, *Hebridunum* dans l'itinéraire de Bordeaux à Jérusalem, *Epebrodunum* par Strabon, *urbs Ebredonensis* par Grégoire de Tours, et l'Embrunais *Pagus Ebredunense* dans le testament d'Abbon.

Les monnaies mérovingiennes la nomment *Eberdunum,* et

enfin les monnaies baronnales qualifient toujours l'archevêque de cette ville d'*Archiepiscopus Ebredunensis.*

Embrun était l'une des villes principales de la puissante confédération des Caturiges et, après avoir fait partie du petit royaume de Cottius, elle reçut de Néron le droit de latinité la neuvième année du règne de cet empereur. Les restes nombreux de la civilisation romaine que l'on a retrouvés à diverses reprises à Embrun ou dans les environs sont un indice certain de son importance pendant cette période. Constantin accrut encore sa prospérité en lui donnant le titre de métropole des Alpes maritimes et en la désignant comme résidence aux premiers magistrats de la province.

Comme tous les municipes Embrun s'administra en toute liberté, sous la domination romaine, par ses magistrats municipaux ou curiales.

Mais cette ère de prospérité ne devait pas être de longue durée : l'empire romain était sur le penchant de sa ruine, les barbares franchissaient de toutes parts ses frontières, et au ve siècle, Embrun, attaqué par les Vandales, n'échappa à une ruine totale que grâce à l'épée d'Aëtius.

Possédée ensuite par les Wisigoths et les Ostrogoths, prise et ravagée à deux reprises différentes par les Lombards, conquise par les Bourguignons, puis par les fils de Clovis, elle subit enfin, aux ixe et xe siècles, pendant près de cent ans la domination des Sarrasins. Au milieu de cette époque troublée Embrun perdit la plus grande partie de sa population et son importance était fort diminuée lorsque le comte de Provence vint la soustraire, vers l'an 1000, au joug des étrangers.

Le comte Guillaume, après avoir chassé les Sarrasins de l'Embrunais, partagea la souveraineté d'Embrun entre lui et l'archevêque, mais concéda probablement aussi aux citoyens des priviléges municipaux assez étendus. La perte de tous les documents qui auraient pu nous éclairer sur l'histoire de cette époque nous interdit d'être plus affirmatif; il est certain, toutefois, que nous voyons au siècle suivant les habitants d'Embrun nommer librement leurs magistrats municipaux, voter des impôts, avoir une milice bourgeoise, la garde des portes de la ville et exercer par leurs consuls une juridiction de police.

Cet état de choses demeura à peu près le même jusqu'au moment où Embrun fut incorporé au Dauphiné : peu d'années après cette époque (1237), les bourgeois d'Embrun pensèrent à profiter de la minorité du dauphin Guigues VII, alors sous la tutelle de sa mère Béatrix, pour obtenir de la régente une extension de leurs franchises. Ils refusèrent de payer au Dauphin dix mille sols viennois qu'ils lui devaient et de lui fournir le nombre de soldats qu'il était en droit d'exiger chaque année. Sous les ordres de Guillaume et Vincent Brustaud, d'Hugues Guinant et de Garcin, ils entreprirent une lutte inégale contre les troupes delphinales. Après plusieurs combats qui coûtèrent la vie à bon nombre de soldats de l'un et l'autre parti, les bourgeois durent s'avouer vaincus et subirent la loi du plus fort. Pierre Pasque et Pierre Chabassol, mandataires des consuls d'Embrun, promirent au nom de la ville de payer au Dauphin dix mille sols viennois, plus cinq mille pour les frais de la guerre, de lui fournir désormais chaque année quatre chevaliers et cent fantassins, de payer les cavalcades arriérées et de reconnaître à l'avenir la juridiction du bailli delphinal dans Embrun en ce qui concernait la recherche et la punition des délits et des crimes. Le Dauphin, de son côté, promettait de respecter les franchises de la cité, deux jurisconsultes et trois citoyens étaient

17

chargés d'en faire la recherche : « Nec non, est-il dit, et jura
« sua sive consuetudines suas et per ipsos judices hinc inde
« proposita terminentur et tam arbitrium sive arbitratio trium
« virorum predictorum quam cognitio et determinatio duorum
« dictorum judicum. »

Plus loin nous trouvons l'énumération d'une partie de ces
droits auxquels prétendait la ville d'Embrun : « Sunt hec, scili-
« cet de civaieriis et quaternalibus que percipiunt consules
« Ebreduni et que perceperint olim nomine universitatis Ebre-
« dunensis et de mensuris falsis et ponderibus et aunis et
« bannis et .... voce preconis vel preconizatione et de puni_
« tionibus factis sive faciendis a dictis consulibus. » Cet acte
fut passé à Vizille le 2 décembre 1237, en présence d'Obert,
maréchal du Dauphin, de Guillaume d'Entremonts, bailli de
l'Embrunais, et d'un grand nombre d'autres seigneurs garants
de la parole de l'une et l'autre partie.

Dans cet acte les bourgeois d'Embrun semblaient reconnaître
la juridiction exclusive du Dauphin sans tenir compte de celle
de l'archevêque. Aymar de Bernin, qui gouvernait alors cette
église, protesta vivement. Les bourgeois, espérant, sans doute,
être soutenus par le Dauphin, se révoltèrent, insultèrent leur
archevêque, chassèrent ses juges et le forcèrent lui-même à
chercher un refuge hors de la ville. Aymar protesta contre la
violence qui lui était faite, et demanda des secours aux évêques
voisins.

En réponse à ces menaces les citoyens d'Embrun ouvrirent
les prisons aux personnes condamnées par les tribunaux archiépiscopaux et pillèrent le bourg de Châteauroux, qui appartenait
à l'archevêque et au chapitre. L'archevêque excommunia les
rebelles, qui songèrent alors à faire la paix avec leur seigneur,

mais les prétentions d'Aymar furent tellement exagérées, qu'ils durent y renoncer. Cependant Robert, évêque de Gap, voulant éviter l'effusion du sang, chercha à s'entremettre entre l'archevêque et ses sujets révoltés ; la tâche lui fut rendue plus facile par la neutralité que garda le Dauphin, et enfin la communauté consentit à livrer douze otages et à payer vingt mille sols d'amende (1238). L'archevêque rentra alors dans Embrun, et il ne paraît pas qu'il ait porté la main sur les franchises municipales de cette ville, il se contenta d'interdire aux bourgeois toute assemblée qui n'aurait pas pour motif les affaires communales.

Les années qui suivirent furent paisibles, les troubles ne recommencèrent que quinze ans plus tard, sous le pontificat d'Henri de Suze, prélat également célèbre par sa profonde science et son ambition insatiable.

A peine monté sur le siége d'Embrun, Henri obtint du pape (1250) et de l'empereur (1251) des chartes qui, non-seulement confirmaient les priviléges concédés à ses prédécesseurs, mais étendaient encore considérablement les prérogatives de l'archevêque aux dépens des franchises de la cité. Ainsi il obtint par ces deux chartes le droit absolu de justice, la levée de tous les impôts, l'immunité pour les ecclésiastiques de toutes les charges publiques et le monopole des actes notariés.

Fort des stipulations de ces actes, l'archevêque voulut, en 1253, lever des impôts sur la ville d'Embrun ; les bourgeois y consentirent, mais à condition que les clercs seraient taxés comme les simples citoyens. Henri s'y refusa absolument en alléguant un article de la charte de 1251. Aussitôt les bourgeois, sous la conduite de Raymond Tiaud et Pierre Ferrières, firent une ligue et se coiffèrent, en signe de ralliement, d'un chaperon de couleur uniforme. Le jour de l'Assomption, les prêtres furent poursuivis et insultés, et les révoltés, se portant en tumulte à l'église de Notre-Dame, où l'archevêque disait la messe, forcèrent tous les assistants d'en sortir et de jurer avec eux qu'ils défendraient les franchises de la ville.

L'archevêque s'enfuit aussitôt à Chorges, d'où il lança des lettres monitoires condamnant les Embrunais à cent marcs d'argent d'amende et à quinze cents livres pour les dîmes passées qu'ils avaient refusé de payer. Cet avertissement ne produisit aucun effet; les bourgeois d'Embrun se contentèrent d'en appeler au Saint-Siége de la sentence prononcée contre eux par leur archevêque.

La paix était, du reste, rentrée dans Embrun du jour où ce prélat en était sorti : les bourgeois se réunirent paisiblement, procédèrent à l'élection de leurs magistrats municipaux, organisèrent un tribunal et firent de nouveaux statuts. Toute l'année 1254 s'écoula sans que l'archevêque pût songer à rentrer dans sa ville épiscopale.

Au mois de mai de l'année suivante, Henri, las d'attendre et prévoyant que les bourgeois d'Embrun n'étaient pas près de revenir à de meilleurs sentiments, lança contre eux une terrible sentence d'excommunication. Les consuls actuellement en exercice y étaient condamnés au bannissement, déclarés infâmes, incapables de tester, de porter témoignage en justice et d'exercer aucune charge; tout acte fait par eux était nul de plein droit : les candidats aux fonctions municipales étaient incapables de remplir dans l'avenir aucune charge; tous les habitants qui avaient obéi aux consuls étaient déclarés infâmes et excommuniés à partir de l'âge de quatorze ans : il était interdit aux ecclésiastiques d'entrer dans Embrun et à tous les bourgs du diocèse de donner asile aux réfugiés de cette ville sous peine d'interdit : les testaments, mariages et autres actes faits à Embrun et dans les autres lieux frappés d'interdit étaient nuls de plein droit, les enfants nés de ces mariages déclarés bâtards et incapables de succéder, nonobstant ignorance de leurs parents ; les personnes qui auraient porté des denrées aux marchés d'Embrun, assisté de quelque façon les rebelles, étaient tenues de comparaître devant l'archevêque pour répondre de leurs actes : cette sentence devait être lue par tous les curés du diocèse les jours de dimanche et de fêtes et envoyée aux évêques, abbés et prêtres de la province, avec défense de recevoir aucun représentant des prétendus magistrats d'Embrun et aucun habitant de cette ville ; il était interdit aux confesseurs d'absoudre les coupables sans l'autorisation de l'archevêque ; les cadavres des citoyens d'Embrun morts pendant la rébellion devaient être pendus aux arbres, il était interdit de les ensevelir, les champs où on les aurait ensevelis seraient considérés comme souillés et les personnes qui procéderaient secrètement à leur inhumation excommuniées.

Cette terrible sentence ne produisit pas l'effet qu'en attendait l'archevêque ; pendant deux ans entiers (1256-1257) la ville d'Embrun s'administra paisiblement elle-même sans rappeler son archevêque et s'accommoda fort bien de la république que le hasard lui avait donnée.

Enfin, Henri de Suze réussit à mettre le Dauphin dans ses intérêts et conclut avec lui un traité d'alliance : les troupes delphinales parurent devant Embrun et n'eurent pas de peine à s'en emparer après quelques jours de siége. L'archevêque y rentra à leur suite et se montra relativement modéré dans ses vengeances ; personne ne fut pendu ni brûlé, Raymond Tiaud

et Pierre Ferrières, chefs de la sédition, furent seuls condamnés
au bannissement perpétuel et leurs maisons rasées ; une amnis-
tie générale fut proclamée.

Cependant des garanties furent prises pour prévenir le retour
de troubles semblables.

Tous les chefs de famille convoqués se reconnurent hommes
liges de l'archevêque, les consuls se démirent de leurs charges
entre ses mains, lui remirent les clefs de la ville et les archives
municipales. Toutes les libertés d'Embrun furent supprimées,
et les actes anciens qui en étaient la garantie furent livrés aux
flammes. Les habitants furent condamnés à payer, le jour de
l'Assomption de chaque année, un denier d'argent pour perpé-
tuer la mémoire du crime et de sa punition (août 1258).

Ce fut ainsi qu'Embrun perdit pour toujours ses franchises
municipales ; l'archevêque fit des règlements nouveaux où il
conservait la haute main dans le choix des consuls, la levée
des impôts et l'exercice de la juridiction de police.

Peut-être, cependant, se relâcha-t-on quelque peu plus tard
de cette sévérité : nous voyons le Dauphin prendre, en 1316, la
ville d'Embrun sous sa protection, accorder, en 1328, le réta-
blissement des priviléges municipaux, en ce qui le concerne,
et en 1346, stipuler, dans un règlement intervenu entre l'archevêque et lui, qu'aucune taille ne pourra être imposée sur la ville
d'Embrun, sauf pour subvenir à ses propres besoins et au marc
le franc sur tous ses habitants.

Enfin, en 1424, la garde des clefs de la ville fut rendue par
l'archevêque aux consuls.

Le premier cadastre parcellaire fut commencé à Embrun en
1379 et terminé en 1452 seulement, les fonds nobles y furent
compris comme les bien roturiers. Cette égale répartition de

l'impôt entre les nobles et les bourgeois avait été consacrée par une transaction entre les consuls et les nobles d'Embrun (1237) et par une sentence arbitrale de 1278 condamnant les nobles Hugues et Guillaume de Verdun à payer les tailles comme les autres citoyens.

Les ecclésiastiques, au contraire, furent toujours exempts d'impôts, et nous voyons encore, en 1469, le pape lancer une excommunication contre les Embrunais, qui voulaient imposer aux clercs des charges réelles ou personnelles : « Quod in dicta « civitate Ebredunis ac forestis et territorio ejusdem omnes « contribuunt indifferenter exceptis ecclesiasticis supra nomi- « natis, pauperrimis, mandicantibus, nulla possidentibus, qui « nihil solvunt et in nihilo contribuunt. »

Sous le régime de l'édit de Nantes, le parlement modifia les règlements municipaux et créa deux conseils, le petit de seize membres au moins et de vingt au plus, le grand de quarante ; ce dernier choisissait quatre consuls. Les membres des deux conseils et les consuls étaient pris par égale part dans le parti protestant et le parti catholique.

Or, Embrun possédait à cette époque environ quatre cent cinquante familles catholiques et une centaine seulement de protestantes ; les catholiques ne cessèrent donc, et avec raison, de protester contre l'égale répartition entre les deux religions des charges municipales, et ils obtinrent gain de cause en 1628.

Par un règlement daté de cette année, le roi ordonna que désormais le parti protestant entrerait seulement pour un tiers dans la composition des deux conseils, que désormais il n'y aurait que trois consuls dont un seulement serait protestant. Ce règlement, vainement attaqué par les protestants d'Embrun, fut confirmé par lettres patentes de 1630 (8 janvier).

Enfin, la révocation de l'édit de Nantes vint, en 1685, enlever toute participation aux réformés dans les affaires municipales.

Les consuls d'Embrun avaient droit d'assister aux états de la province.

Embrun avait un gouverneur pour le roi. Voici les noms des gouverneurs d'Embrun que nous avons pu découvrir :

Bertrand Emé, sieur de Saint-Crépin......	1541
Jean Armuet de Bonrepos..............	1567
Louis Armuet de Bonrepos..............	1570-1577
Antoine de Rame, sieur des Crottes.......	1579
Mathieu de Rame, sieur des Crottes.......	1585
Gaspard de Bonne-Prabaud.............	1585
François de Philibert-Charence.........	1591
Pierre Martin de Champoleon...........	1610
Annibal Alexandre de Burcio...........	16..
Jean de Bonne-Vitrolles................	162.
Jacques de l'Olivier de Bonne...........	163.
François de l'Olivier de Bonne..........	1649
Jean-Baptiste de Lafont de Savine........	1684

A partir de cette dernière époque la charge de gouverneur d'Embrun devint héréditaire dans la famille des Lafont de Savine, seigneurs et marquis de Savine.

CHAPITRE II.

DESCRIPTION DES SCEAUX DES COMMUNAUTÉS.

———

ARTICLE I. — SCEAUX DE LA VILLE D'EMBRUN.

Les armoiries de la ville d'Embrun sont : *d'azur à la croix d'argent*. Ces armoiries tirent probablement leur origine de la croix *vuidée, cléchée et pommetée* des comtes de Toulouse et de Provence. En effet, la sigillographie de la cité d'Embrun nous offre cette singularité que, jusqu'à 1252, les consuls n'eurent pas de sceau particulier, mais se servirent de celui de leur ancien seigneur le comte de Provence. Cette anomalie ne peut être expliquée que par un motif d'économie. Il est probable qu'après l'annexion de l'Embrunais au Dauphiné (1202) les magistrats du comte de Provence abandonnèrent, en quittant la ville d'Embrun, les anciens sceaux de leur maître, les consuls s'en emparèrent et en scellèrent, depuis lors, les actes où ils paraissaient comme partie ou témoins. Le sceau suivant est une preuve de ce que j'avance :

No 50. ... **SIG. COMITIS FORCALCARII.** Le comte à cheval au galop à gauche, coiffé d'un casque conique orné de deux

18

fanons pendant derrière lui, portant au bras droit un bouclier triangulaire et à la main droite une lance en arrêt ornée d'un pennon.

℞. ✠ ᴙɪᴏ. ᴄᴏᴍᴛᴀɪꜱ. ᴇᴙᴏᴜᴛᴍᴀɪᴇ. Croix vuidée, cléchée et pommetée.

Sceau orbiculaire en cire brune, ayant du côté du cavalier cinquante et du côté de la croix cinquante-deux millimètres de diamètre, suspendu par des cordons de fil jaune, rouge et blanc.

Appendu à un traité passé entre les consuls d'Embrun et les nobles de cette ville relativement au paiement des tailles. 1237.

In cujus testimonium presentem paginam de voluntate consulum predictorum et militum et filiorum militum munimine sigilli curie comitalis Ebredunensis et sigilli consulum dictus P. de Diano sigillari fecit.

Archives municipales d'Embrun (1).

Deux sceaux pendent à cet acte, celui de la cour comtale décrit par moi à la page 108 de ce travail et celui que je viens de décrire; ce dernier est donc indubitablement le *sigillum consulum.* Du reste, il ne peut y avoir de doute à cet égard, car un fragment du même sceau est appendu par une double queue de parchemin à un traité de 1237 entre les consuls d'Embrun et la dauphine Béatrix, régente du Dauphiné, conservé, comme le précédent, dans les archives d'Embrun. On lit dans cet acte la mention suivante : *Ut autem predicta firmum robur obtineant*

(1) Ce sceau est gravé à la planche XIV.

preceperunt partes predicte sigillis domine comitisse et consulum
Ebreduni et Guigoneti presentem paginam sigillari in testimo-
nium rei geste.

Au moment de leur grande révolte contre Henri de Suze,
leur archevêque, les consuls d'Embrun firent graver un sceau
nouveau, les historiens sont formels à cet égard. Voici la description de ce monument que nous avons été assez heureux
pour retrouver :

N° 51. ..... ᴍ ₒ ᴄᴏɴꜱ... Quatre personnages debout de
face, le premier à gauche en robe longue, les autres en tunique
courte et manteau.

℞. .....ᴄᴛꜱ ₒ ᴄᴊɴᴄ..... Porte de ville fortifiée : au centre
une tour percée d'une porte cintrée défendue par des machi-
coulis, au-dessus une grande ouverture demi-circulaire proté-
gée par deux créneaux, au sommet cinq créneaux en échelon ;
de chaque côté une muraille ornée de créneaux triangulaires,
percée d'une porte à plein cintre et probablement munie à
chacune de ses extrémités de tours dont une seulement est à
peine distincte.

Fragment de sceau orbiculaire en cire jaune, suspendu par
des attaches de peau.

Appendu à une procuration donnée par les consuls d'Embrun pour suivre le procès pendant entre la ville et l'archevêque
devant le Saint-Siége. 1254.

La légende incomplète de ce sceau doit se lire ainsi : *Sigillum* .
ᴄᴏɴ*sulum* . *civita*ᴛɪꜱ . ᴇᴅʀᴇ*dunensis*. Les personnages qui y sont
représentés devaient être originairement au nombre de cinq ;
l'un d'eux a été brisé : ce sont les cinq consuls de la ville d'Em-

brun. Nous avons dit que trois consuls étaient choisis dans les rangs de la bourgeoisie, un parmi le clergé et le dernier dans la noblesse : le premier consul à gauche de notre sceau est le consul ecclésiastique, reconnaissable à sa longue robe ; viennent ensuite les trois bourgeois, le dernier, qui a disparu, était probablement le chevalier. Quant au revers il me paraît une imitation évidente du château à trois tours qui se voit au revers des dauphins de la seconde race.

Après la défaite des Embrunais et lorsque Henri de Suze rentra dans sa ville archiépiscopale, les consuls lui remirent les clefs de la maison commune, leurs chartes de franchises, et leur sceau public qui fut brisé (1) (1258). Il fut probablement interdit par l'archevêque aux consuls d'en faire un nouveau. Le sceau suivant est tout moderne.

Nº 52. ₀°₀ SIGILLUM ₀•₀ CIVITATIS ⚮ EBREDUNENSIS. D'azur à la croix d'argent.

Sceau ovale en cire d'Espagne rouge de vingt-cinq millimètres.

Appliqué à une lettre missive. 1767.

Collection de l'auteur.

Je possède deux exemplaires de ce sceau.

ARTICLE II. — SCEAUX DES BOURGEOIS D'EMBRUN.

JEAN, consul.

Nº 53. (La légende manque). Écu au chevron, accompagné de trois quintefeuilles (?), timbré d'un ange à mi-corps de face,

(1) Chorier. *Histoire générale du Dauphiné*, t. II, p. 157.

dans un trilobe ogival orné à chaque angle d'une ogive percée d'une quartefeuille.

Sceau orbiculaire en cire rouge de vingt-deux millimètres de diamètre, suspendu par des cordons de soie violette.

Appendu à la restitution par le gouverneur du Dauphiné aux consuls d'Embrun de certains droits donnés par eux en gage au Dauphin. 1402.

Archives municipales d'Embrun.

Il existe de ce sceau deux exemplaires suspendus au même acte ; les armoiries que l'on y voit ont quelques rapports avec celles de la famille de Girard, d'Embrun, qui portait : *d'or au chevron de gueules accompagné de trois coquilles de sable.*

EUSTACHE, consul.

Nº 54. **s ꞉ eustha ꞉** .... Écu penché à la bande chargée de trois coquilles ou de trois gerbes de blé, timbré d'un haume à gauche, cimé d'une gerbe ou d'une coquille ornée de bandelettes ; de chaque côté de l'écu des draperies formant lambrequins ; le tout dans une bordure hémicycloïdale.

Sceau orbiculaire en cire rouge de vingt-cinq millimètres de diamètre, suspendu par des cordons de soie violette.

Appendu au même acte que le précédent. 1402.

Il existe également aux archives d'Embrun deux exemplaires de ce sceau.

ARTICLE III. — VILLE DE BRIANÇON.

M. Fauché-Prunelle cite (1) un sceau de la ville de Briançon appliqué à une délibération du conseil communal du 10 décembre 1791 : le registre qui contenait cette délibération n'existe plus aux archives de Briançon, je l'ai cherché vainement.

ARTICLE IV. — BOURG DE MÉOLANS.

Méolans (*Mediolanum*) était la ville centrale des *Esubiani*, peuples de la vallée de l'Ubaye, dont le nom se retrouve sur les inscriptions de l'arc de Suze et de la Turbie.

MARTELLI, syndic.

N° 55. Anépigraphe. Écusson entouré de perles, à la croix pattée, au chef chargé des lettres M et R réunies et accostées de deux sextefeuilles.

Sceau en forme d'écusson de dix-sept millimètres en papier plaqué sur pâte rouge.

Appliqué à une procuration donnée par Martelli, syndic de Méolans, à André Jalud, à l'effet de payer à Mgr de Lesdiguières les sommes qui lui sont dues par la communauté. 1603.

Archives du chapitre de Saint-Arnoul.

(1) *Essai sur les Institutions briançonnaises*, vol. II, p. 161.

IV.

JURIDICTIONS ROYALES.

CHAPITRE I.

CONSIDÉRATIONS HISTORIQUES.

Une ordonnance de 1447 émanant de Louis II, dauphin, plus tard Louis XI, supprima les bailliages du Dauphiné, qui, autrefois, étaient au nombre de sept, et les remplaça par deux bailliages, celui de plein pays et celui des montagnes. Ces deux bailliages étaient des circonscriptions politiques et administratives bien plus que judiciaires, leurs titulaires présidaient à la levée des impôts, à l'équipement et à la marche des troupes que parfois ils commandaient. Embrun et Briançon se trouvaient compris dans le bailliage des montagnes et devinrent le siége de deux vi-bailliages ou tribunaux de première instance.

Le vi-bailliage d'Embrun avait l'exercice de la justice durant les années impaires et se composait d'un vi-bailli juge royal, d'un lieutenant particulier, de deux assesseurs, d'un avocat du roi, d'un procureur du roi, d'un greffier et d'un huissier.

La justice était rendue, pendant les années paires, par la judicature archiépiscopale. La juridiction de police de la ville d'Embrun et des terres adjacentes se partageait également entre le juge royal et l'archiépiscopal.

L'appel de tous ces tribunaux avait lieu directement au parlement de Grenoble. Aux xviie et xviiie siècles la judicature archiépiscopale était pour ainsi dire réduite au rôle de tribunal de police ; les affaires de quelque importance étaient toutes portées au vi-bailliage royal, à moins d'absolue nécessité.

Voici les noms des vi-baillis d'Embrun que j'ai pu trouver :

Oronce ÉMÉ (1479).

Claude THOLOSAN (1497).

Guillaume Emé (1503).

Barthelemy EMÉ (1535).

Guillaume EMÉ (1564).

Guillaume FINE (1580).

Jacques FINE (1580).

Humbert DE CHAPONNAY (1636).

Benoit AMAT (1646-1648).

Jacques SILVESTRE (1648-1680).

Jacques SILVESTRE fils (1681-1731).

François SILVESTRE DE LA CATONNE (1731-1746).

Jacques DIOCQUE (1747-1749).

Pierre SILVESTRE DE RIOUCLARD (1749-1771).

Jean-Baptiste DIOCQUE (1772-1779).

Jean-Louis-François CRESSY (1779-1790).

Le vi-bailliage de Briançon avait la juridiction pleine et entière de cette ville et de tout le Briançonnais avec appel au parlement de Grenoble. Il comprenait un vi-bailli nommé parfois lieutenant général, un lieutenant particulier, deux assesseurs, un avocat du roi, un procureur du roi, un greffier et un huissier audiencier.

Voici les noms d'un certain nombre de vi-baillis de Briançon :

Oronce Émé (1476).
Claude Tholosan (1497).
Guillaume Émé (1564-1568).
Ignace de Chaillol (15..).
François de Chaillol (1598-1617).
Claude de Chaillol (1620).
François de Chaillol (1648).
Charles de Chaillol (1677).
A. de Chaillol (1680-1707).
N. de Chaillol (1725-1739).
Antoine-François Colaud (1739-1745).
Jean-Antoine Gardon de Perricau (1763).
Jean Alphand (1778-1790).

La juridiction de la ville de Seyne et de ses environs appartenait, par un privilége spécial, aux quatre consuls de cette ville. Raymond Bérenger V, comte de Provence, leur avait concédé ce privilége en 1220, en dédommagement des dépenses faites par la communauté dans la construction du château de Seyne.

La justice, tant criminelle que civile, appartenait aux quatre consuls, sauf les cas royaux, la haute justice et la directe universelle.

19

CHAPITRE II.

DESCRIPTION DES SCEAUX.

BAILLIAGE D'EMBRUN.

No 56. ✠ s... ꙗ꙲꙼ꙇꙇꙁꙁꙇ : ꙲ꙁꙁ꙲ꙁꙁꙁ꙲ꙁꙁꙁ. Écu écartelé aux 1er et 4e de fleurs de lis sans nombre, aux 2e et 3e d'un dauphin à gauche.

Sceau orbiculaire de trente-et-un millimètres en papier plaqué sur pâte rouge.

Appliqué à un acte par lequel A. de la Colombière, trésorier général du Dauphiné, « certifie que les chanoines d'Ambrun ont assisté à la messe royale. » 1508.

Bibliothèque nationale. Manuscrits Gagnaire.

La légende doit se compléter ainsi : *sigillum curie* dALFINALis EBREDVNENsis.

Un second exemplaire de ce sceau se trouve aux archives de l'Isère. Il a dû être gravé bien antérieurement au xvie siècle ; en effet, les caractères de la légende sont plus anciens et les fleurs de lis sans nombre disparaissent des armoiries des rois de France à partir de Charles VI.

Nº 56 *bis*. ○ SCEL ○ D'ACTES ○ D ○ NOTTAIRES. D'EMBRVN. Écu ovale chargé de trois fleurs de lys, dans un cartouche et couronné ; dans le champ ED-IT-16-96.

Sceau orbiculaire de vingt-cinq millimètres de diamètre en cire d'Espagne, appliqué à un contrat de 1705.

Archives des Hautes-Alpes.

Je n'ai pas fait graver ce sceau insignifiant.

Nº 57. SIGI. PAR.... VNE... Écu écartelé de France et de Dauphiné et couronné.

Sceau ovale en cire d'Espagne rouge, mal conservé.

Appliqué à un *vidimus* d'un testament de 1455. 1717.

Archives des Hautes-Alpes.

La légende complète devait se lire : SIGI*llum* PAR*vum Ebre-*d*UN*EN*sis curie.*

Nº 58. SCEL D'EMBRVN. Écu écartelé de France et Dauphiné, couronné, accosté à gauche de la lettre I et à droite de la lettre K.

Sceau ovale de vingt-quatre millimètres en papier plaqué sur pâte rouge.

Appliqué à un jugement rendu par La Catonne, vi-bailli royal. 1739.

Nº 59. SIGI . PERP . S̄T̄I . MAR . MISER . IA . Écu écartelé de France et de Dauphiné et couronné.

Sceau ovale de vingt-deux millimètres en papier plaqué sur pâte rouge.

Appliqué à une pièce de procédure du vi-bailliage royal d'Embrun, signée de Rioclard, vi-bailli. 1749.

Collection de l'auteur.

Je possède deux exemplaires de ce sceau dont la légende est, je l'avoue, tout-à-fait inexplicable pour moi. Les quatre premiers mots doivent se compléter, il me semble, par : SIGILLVM PERPE-TVVM. SANCTI. MARCELLINI. J'ignore ce que peut signifier le reste.

BAILLIAGE DE BRIANÇON.

No 60. La légende est détruite. Écu écartelé de France et de Dauphiné.

Sceau ovale de quarante millimètres en papier appliqué sur pâte rouge.

Appliqué à un acte par lequel Guillaume Émé, vi-bailli du Briançonnais, certifie que les chanoines d'Oulx ont vendu à la commune de la Salle certains droits féodaux qu'ils y possé-daient. 1564.

Archives municipales de la Salle.

Un second exemplaire de ce sceau existe, en aussi mauvais état, dans les archives municipales de Briançon.

No 61. o SCEEL. ROIAL. DE. BRIANÇON o Écu écartelé de France et de Dauphiné et couronné.

Sceau ovale de trente millimètres en papier plaqué sur pâte rouge.

Appliqué à une pièce de procédure du vi-bailliage du Brian-çonnais, signée Challiol, vi-bailli. 1729.

Collection de l'auteur.

JURIDICTION DE SEYNE.

No 62. IVRISDICTION. DE. SEYNE. Écu ovale à trois fleurs de lis dans un cartouche couronné et accosté de ces mots : ED-IT-16-96.

Sceau orbiculaire de vingt-huit millimètres en cire d'Espagne rouge.

Appliqué à un certificat donné par Rémusat, juge, à Savornin, notaire, pour attester sa qualité. 1758.

Collection de l'auteur.

SUPPLÉMENT.

SUPPLÉMENT

A LA SIGILLOGRAPHIE DU DIOCÈSE DE GAP.

Depuis la publication de mon premier volume sur la sigillographie du département des Hautes-Alpes, j'ai trouvé plusieurs sceaux intéressants qui auraient dû en faire partie. Quoiqu'ils soient mal placés à la fin d'un volume exclusivement consacré à la sigillographie du diocèse d'Embrun, je crois néanmoins devoir en donner la description et n'en point priver les personnes qui voudront bien consulter mes travaux.

ÉVÊQUES DE GAP.

GUILLAUME VI FOURNIER (p. 5o) (1).

N° 63. . . . . . ꜵꜵꜱ. ꜹꜹꜳ. ꜱꜳꜳꜱꜱꜳꜱꜳ', ꜱꜱꜱ. . . . . ꜳꜱꜳ. . . . .
Deux dauphins affrontés soutenant une grande fleur de lis et placés dans un trilobe accosté de feuillages.

---

(1) Les numéros placés en tête de la description des sceaux renvoient à la page où ils auraient dû se trouver dans le volume consacré à la sigillographie du diocèse de Gap.

Sceau orbiculaire de quarante millimètres environ en cire rouge, suspendu par une simple queue de parchemin.

Appendu à une quittance donnée par Guillaume, évêque de Gap et lieutenant de Raoul de Loupy, gouverneur du Dauphiné. 1364.

Sigillo authentico munivimus.

Bibliothèque nationale, manuscrits Gagnaires.

La légende incomplète de ce sceau doit se lire : *Sigillum Guillelmi* EPIscopi VAPincensis VICESGERENTis GVBernatoris DALPhinatus.

Guy Allard, dans son ouvrage sur les gouverneurs et les lieutenants des gouverneurs du Dauphiné, indique Raoul de Loupy comme ayant été promu au gouvernement de cette province en 1361 ; d'après le même auteur, Guillaume, évêque de Genève, aurait été choisi par lui pour être son lieutenant en 1366, et Guillaume, évêque de Grenoble, aurait également été nommé lieutenant du gouverneur la même année. Si Guy Allard n'a point commis d'erreur, Guillaume, évêque de Gap, les aurait précédés dans cette charge.

VICTOR DE MELLIAND (p. 68).

N° 64. ⚜ ..... EPISCOPVS. ET. COMES. VAPINCENSIS ₀ Écu de Melliand timbré d'une couronne de comte surmontée du chapeau épiscopal dont les pendants à quatre glands sont chargés, celui de gauche d'une épée haute surmontée de la mitre, celui de droite d'une crosse, le croçon tourné en dehors.

Sceau ovale de quarante-deux millimètres en papier plaqué sur pâte rouge.

Appliqué à une dispense de mariage par Charles Bénigne Hervé, vicaire général et administrateur du diocèse. 1685.

Archives des Hautes-Alpes.

Charles Bénigne Hervé ou d'Hervé, qui succéda à Victor de Melliand en 1684, reçut ses bulles seulement en 1692 ; jusqu'à cette époque il porta le nom d'administrateur et vicaire général du diocèse, et, comme le prouve le monument que nous venons de décrire, il se servit du sceau de son prédécesseur. Les armoiries représentées sur ce sceau sont fort singulières et pour moi inexplicables. La famille de Melliand portait, comme il résulte de jetons assez communs frappés pour quelques membres de cette famille, *d'azur à la croix d'or, cantonnée au 1er et 4e d'un alérion, au 2e et 3e d'une ruche à miel de même.* Or, ici l'écu paraît être chargé d'un échiqueté dont les carreaux portent alternativement une ruche et un alérion et brochant sur le tout une sorte de herse à quatre barres croisées.

CHAPITRE DE SAINT-ARNOUL (p. 91).

No 65. SIG..... VLI o ET o ECCL..... E. VAPIN. Écu chargé d'une main bénissante à trois étoiles rangées en chef, timbré d'une croix pastorale accostée de rinceaux.

Sceau ovale de quarante millimètres en papier plaqué sur pâte.

Appliqué à un projet de réponse par le chapitre de Saint-Arnoul au chapitre de Notre-Dame de Grenoble. 1695.

Archives du chapitre de Saint-Arnoul.

No 66. o SIG. CAPITVLI. ET. ECCL. CATE. VAPIN. Même écu que ci-dessus et même ornementation.

Sceau ovale de vingt-cinq millimètres en cire d'Espagne rouge.

Appliqué sur une enveloppe sans date.

Archives des Hautes-Alpes.

Il existe deux autres exemplaires de ce sceau, également sans date, aux archives du chapitre de Saint-Arnoul.

ABBAYES ET COUVENTS.

HOPITAL D'ASPRES (p. 105).

Nº 67. ✠ S' . HOSPITALI . DE . ASPRIS. Croix pattée.

Matrice de sceau en bronze de trente-et-un millimètres de diamètre.

Musée de Lyon.

Il est facile de reconnaître dans le sceau précédent celui d'une commanderie des chevaliers de Saint-Jean de Jérusalem. Il doit dater probablement de la fin du XIIIe siècle ou du commencement du XIVe.

On ignore absolument s'il y a eu une commanderie à Aspres-les-Veynes, les Templiers avaient au contraire tout près de là, à Lus, un établissement assez important. A Saint-Firmin, près d'Aspres-les-Corps, également dans le diocèse de Gap, les ruines assez curieuses d'un vieux château sont attribuées par la tradition aux Templiers ou aux chevaliers de Saint-Jean.

PRIEURÉS.

PRIEURÉ D'ASPRES.

FRANÇOIS DE REVILIASC (p. 112).

N⁰ 68. Anépigraphe. Écu chargé d'un lion à gauche sup-
porté par un ange assis et nimbé, dont la tête paraît au-dessus
et dont les ailes s'étalent de chaque côté.

Sceau orbiculaire de vingt-cinq millimètres environ en cire
brune, suspendu par une double queue de parchemin.

Appendu à un acte passé par *Franciscus de Rovilhaco,* prieur
d'Aspres et de Montbrand. 1467.

Et signeto meo manuali quo in talibus utor signavi.

Archives des Hautes-Alpes.

La famille de Reviliasc, à laquelle appartenaient les seigneuries d'Aspres, Montgardin et partie de celle de Veynes, portait :
d'argent au lion de gueules.

PRIEURÉ DE VÉRAS (p. 115).

Le prieuré de Véras était assez important et était situé près de Veynes, dans la paroisse de Saint-Pierre.

JEAN.

N° 69. o I. PŌRIS . D . VERANIS o La vierge couronnée debout de face, tenant l'enfant Jésus nimbé, à ses pieds, à droite, le prieur à genoux et joignant les mains.

Sceau ogival de trente millimètres en cire rouge, suspendu par des cordons de fil bleu et blanc.

Appendu à un acte dans lequel paraît pour témoin *Joannes, prior de Veranis*, 1237.

Archives de l'Isère.

CHAPELAIN (p. 116).

ROSTAING, chapelain du BARSAC.

N° 70. · s' F . ROSTAGNI . CAP'LANI . D . BARSANO. Colombe marchant à droite tenant un rameau dans son bec.

Matrice de sceau orbiculaire en bronze de trente-deux millimètres : le revers est muni d'un anneau.

Musée de Gap.

Cette matrice, trouvée il y a quelques années sur le territoire de la commune de Barsac, a été donnée à la ville de Gap
par M. de Labastie, vice-président du tribunal : elle date de la
première moitié du xiiie siècle. Son attribution au Barsac ne
saurait être douteuse : l'ancien nom de cette commune fut
d'abord *Barza* (chartes de Durbon, 1231), puis *Barsanum*
(chartes de Durbon, 1240) : plus tard seulement on trouve la
forme *Barsacum*.

DAUPHINS DE VIENNOIS.

JEAN II (p. 124).

J'ai décrit, d'après Valbonnais, un sceau de Jean, comte de Gapençais, dont l'original n'a pas été encore retrouvé : voici un sceau de ce même prince encore inédit ; il fait partie des archives de Turin, si riches en ce qui concerne la sigillographie dauphinoise.

N° 71. ✠ ꙅ' ꙅꙔꙄꙅꙔꙅ. ꙒꙍꙈꙍꙅ. ꙏꙍꙁꙅꙅ. ꙅꙅꙍꙅꙍ. Dauphin à gauche dans un entourage composé de quatre angles et de quatre hémicycles alternés.

Sceau orbiculaire, détaché de son titre, de vingt-cinq millimètres de diamètre et suspendu par des cordons de fil blanc et bleu.

Archives de Turin.

Le travail de cet intéressant monument est très grossier : je ne l'ai pas fait graver, pas plus que les n°s 70 et 72, mais il prendra place dans les planches d'un travail que je prépare en ce moment sur la sigillographie des Dauphins de Viennois.

SEIGNEURS.

GVILLAVME ODDE (p. 138).

N° 72. ✚ ꙅ' ꙋꙇꙇꙇꙉꙅ. ꙩꙩꙩꙇ. Paon marchant à droite.
Matrice de sceau ovoïdale en bronze de quarante millimètres,
munie d'un anneau à son extrémité.

Trouvée près de Gap en 1872 et appartenant à M. Serres de
Gap.

Cette matrice, d'un travail assez dur, mais assez intéressante
à cause de son type dont on ne connaît pas d'autre exemple,
appartient indubitablement à un seigneur du diocèse de Gap.
Guillaume Odon ou Ode est probablement le même personnage
que Guillaume Odde, anobli en 1323 par Guillaume Artaud de
Montauban, seigneur du Beauchêne : les descendants de
Guillaume Odde, par leur alliance avec la famille de Bonniot,
ont donné naissance à la famille d'Odde-Bonniot, qui n'est point
encore éteinte.

Nous trouvons dans les procès-verbaux, encore inédits, des
assemblées du chapitre de Saint-Arnoul de Gap, à la date du
6 novembre 1357, la mention de la fondation de quatre messes
anniversaires pour le repos de l'âme de *Guillelmus Odonis* et
Raymbaudus Odonis, chevaliers.

Tout ce qui précède concorde parfaitement avec la date de
notre matrice, qui est en effet de la fin du xiiie ou du commencement du xive siècle.

INDEX GÉNÉRAL.

INDEX GÉNÉRAL

DES SCEAUX CONTENUS DANS LES DEUX VOLUMES.

A

B

C

D

F

G

H

ERRATA GÉNÉRAL.

ERRATA GÉNÉRAL.

VOLUME I.

SIGILLOGRAPHIE DU DIOCÈSE DE GAP.

P. 12, l. 9.

De la Pérouse, lisez : *de Pérouse*.

P. 15, l. 10.

Cette bulle, prise par moi sur une copie détestable, est remplie de fautes grossières ; je crois devoir la réimprimer *in extenso :*

« Fredericus divina favente clementia Romanorum Imperator Augustus. Imperia-
« lem decet excellentiam prelatorum suorum notis rationabilibus benignum probere
« assensum ut fidelis devotio celerem sortiatur effectum. Universis ergo imperii
« nostri fidelibus tam futuris quam presentibus notum fieri volumus qualiter nos
« venerabili viro ac dilecto principi nostro Gregorio, Vaponcensi episcopo, accepta
« ab ipso fidelitate et hominio, omnia regalia per legitimam investituram concessi-
« mus que ipso et ecclesia sua jure ab imperio debet tenere. Hec itaque sive
« alia quelibet bona et possessiones quas prefatus episcopus in presentiarum juste
« possidet vel in posterum legitime poterit adipisci ei nostra auctoritate confirma-
« mus et presentis scripti pagina ei ac sue ecclesie corroboramus, statuentes et
« imperiali edicto districte precipientes ne quisque marchio vel comes, aut civitas,
« vel aliqua prorsus persona magna seu parva memoratum episcopum vel suam
« ecclesiam in persona seu in rebus de cetero temere gravare audeat vel molestare
« presumat ; quod si quis contra hujus nostri edicti constitutionem fecerit pena
« vigenti librarum auri feriatur quarum una medietas fisco imperiali, altera vero
« episcopo persolvatur. Datum apud Arelatem anno Domini MCLXXVIII indictione
« undecima, secunda kalendas Augusti mensis. »

P. 41, l. 5.

De gueules chappé, lisez : *De gueules chaussé.*

P. 45, l. 7.

L'un des ancêtres... J'ai recueilli cette anecdote dans l'*Histoire de Gap* de M. Gautier (p. 35), qui la cite d'après Videl : mais après vérification j'ai reconnu que l'historien de Lesdiguières n'avait rien raconté de semblable.

P. 51, l. 9.

Turenne et Cervolle : Cervolle dit l'Archiprêtre ravagea une partie du Dauphiné en 1357 et Raymond de Turenne se révolta contre le comte de Provence en 1390 : il ne pouvait donc être question de l'un ni de l'autre en 1386. Il s'agissait probablement à cette époque de certaines bandes connues sous le nom de *Tard-Venus.*

P. 67, l. 5.

A cinq glands, lisez : *à quatre glands.*

P. 70, l. 5.

A cinq glands, lisez : *à quatre glands.*

P. 71, l. 19.

A cinq glands, lisez : *à quatre glands.*

P. 72, l. 14.

Même correction que ci-dessus.

P. 73, l. 12 et 23.

Même correction.

P. 74, l. 8.

Même correction.

P. 75, l. 9.

Même correction.

P. 76, l. 10.

Même correction.

P. 87, l. 25.

Sclafardii, lisez : *Sclæssardii,* musiciens.

P. 95, au titre.

Abbayes, lisez : *Abbayes et Couvents.*

P. 96, au titre.

Abbaye de Durbon, lisez : *Chartreuse de Durbon.*

P. 99, l. 17.

Batardin de Montberat, lisez : *de Montferat.* L'acte auquel est attaché le sceau de ce juge ne le nomme que Batardin ; le sceau lui-même n'étant pas parfaitement conservé, j'ai cru y lire : *Monteberato*. J'ai trouvé depuis une charte dans laquelle le nom de ce personnage est écrit : *Bastardinus de Monteferato*.

P. 101, au titre.

Abbaye de Berthaud, lisez : *Chartreuse de Berthaud*.

P. 102, l. 14.

Nº 57. Le sceau décrit sous ce numéro est à supprimer, il n'est point de la Chartreuse de Berthaud, mais de la Grande-Chartreuse. Le texte de l'acte auquel ce monument est suspendu m'a induit en erreur et la mauvaise conservation de la légende ne m'a pas permis de m'en apercevoir. J'ai eu depuis entre les mains des sceaux de la Grande-Chartreuse mieux conservés et il m'a été clairement démontré que je m'étais trompé.

P. 127, l. 13.

Barroniarum, lisez : *baroniarum*.

P. 127, l. 21.

Était établi à Serres, lisez : *était établi à Upaix : il fut transféré à Serres en 1298.*

P. 139, l. 24, et p. 140, l. 1.

Bertrand de Calme... Mévouillon-Calme... lisez : *Bertrand de la Chaup... Mévouillon La Chaup.* J'ai eu tort de suivre ici l'opinion de Guy Allard : le mot *Calma* est la traduction latine du mot *La Chaup.*

P. 146, l. 16.

Monalbanis, lisez : *Montalbani.*

P. 158, l. 11.

... la famille de Clermont, lisez : *la famille de Sassenage, par son mariage avec Antoine de Sassenage : Françoise de Sassenage, leur petite-fille, épousa Antoine de Clermont en 1439 et hérita de Tallard en 1479.*

P. 170, l. 7.

La liste des gouverneurs de Gap contient plusieurs erreurs, je la donne de nouveau :

François de Gruel de Laborel	1562
Balthazard de Comhoursier du Monetier	1575
Jacques de Poligny	1581
Étienne de Bonne d'Auriac	1585
Tajan	1587
Gabriel de la Poype de Saint-Jullien	1588
François de Philibert de Montalquier	1601

À partir de 1628 le gouvernement de Gap a été inféodé à la famille de Gruel : ses membres s'y sont succédé de père en fils jusqu'en 1789.

P. 180, l. 10.

... *descendait, dit-on*... Cette opinion est erronée : on trouve des Gruel à partir de 1385 et jamais les évêques de Gap n'usurpèrent le droit d'anoblir. Il y avait pourtant, dans la vallée d'Oze, une famille de notaires du nom de Gruel dès le XIII° siècle, peut-être est-elle la souche de la maison noble qui nous occupe.

P. 181, l. 9.

Chartreuse de Durbon, lisez : *Abbaye de Boscodon*.

P. 184.

La liste des vi-baillis de Gap a été omise en tête de la description des sceaux de ce vi-bailliage, je la donne ici :

Page supplémentaire, t. M.

Sceau orbiculaire, lisez : *sceau ogival*.

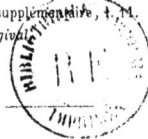

VOLUME II.

SIGILLOGRAPHIE DU DIOCÈSE D'EMBRUN.

P. 12, l. 27.

Civitas Dinensium, lisez : *Diniensium*.

P. 14, l. 8.

Évêqves, lisez : *Évêques*.

P. 15, l. 9.

Studeant providere clericos deffendere, lisez : *studeant providere, clericos deffendere*.

P. 15, l. 10.

Gloriam nomini, Christi, lisez : *Gloriam nomini Christi*.

P. 43, l. 2.

Seau, lisez : *sceau*.

P. 54, l. 21.

Il existe aux archives de la préfecture des Hautes-Alpes un second exemplaire de ce sceau mieux conservé et dont la légende est plus complète ; on y lit : s. ȒĐĪ. A. DE..... D. G. ARCHI. ET..... que l'on doit interpréter par : *sigillum reverendi antonii de Levis Dei gratia archiepiscopi et principis Ebroduni*.

P. 59, l. 14.

Prédecesseur, lisez : *prédécesseur*.

P. 64, l. 12.

Chalon-sur-Saône, lisez : *Châlons-sur-Saône*.

P. 81, l. 15.

Honnorti, lisez : *Honnorati*.

P. 82, l. 4.

... EBREDVNE, lisez : EBRVDVNE.

P. 104, à la note.

Voir en ce qui concerne la cour commune ci-dessus, page 100, lisez : *ci-dessus, page 18*.

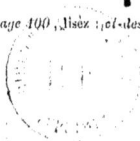

P. 154, l. 7.

Gagnaires, lisez : *Gagnaire*.

TABLE.

TABLE.

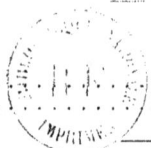

PREMIÈRE PARTIE.

SCEAUX RELIGIEUX.

I.

ARCHEVÊQUES.

II.

CHAPITRE DE NOTRE-DAME.

III.

ABBAYES ET COUVENTS.

DEUXIÈME PARTIE.

SCEAUX CIVILS.

I.

DAUPHINS DE VIENNOIS.

SUPPLÉMENT.

N.º 2

N.º 3

N.º 1

N.º 5

N° 4

N° 6

N° 7

N° 8

N° 10

N° 14

N° 9

N° 16

N° 17

N° 11

N° 13

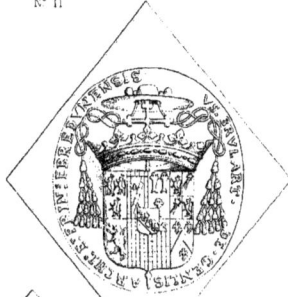

N° 18

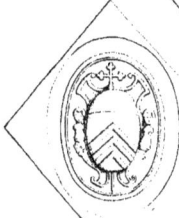

N° 15

N° 19

Nº 22

Nº 21

Nº 27

Nº 20

Nº 28

Nº 24

Nº 23

Pl. VI

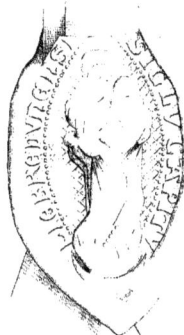

Nº 23

Nº 26

Nº 29

Nº 31

Nº 30

Nº 33

Pl. V.II

N° 36

N° 37   N° 38

N° 39

Nº 40

Nº 41

Nº 42

N° 43

N° 49

N° 34

N° 48

N° 45

N° 47

N° 46

N° 52

N° 54

N° 51

N° 56

N° 58

N° 59

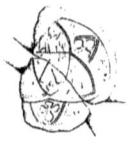

N° 53

N° 62

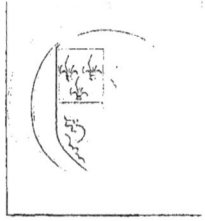

N° 60

N° 57

N° 56

N° 50

N° 61

N° 55   N° 44

N° 63

N° 64

N° 68

N° 66

N° 69

N° 65

N° 67

GRENOBLE. — TYPOGRAPHIE ET LITHOGRAPHIE DE F. ALLIER PÈRE & FILS

GRANDE-RUE, 8.

www.ingramcontent.com/pod-product-compliance
Lightning Source LLC
Chambersburg PA
CBHW062221270326
41930CB00009B/1822